GÜTERSLOHER
VERLAGSHAUS

G

Gütersloher Verlagshaus. Dem Leben vertrauen

Mariela Sartorius

Die hohe Schule der Einsamkeit

Von der Kunst des Alleinseins

Gütersloher Verlagshaus

Bibliografische Information Der Deutschen Bibliothek
Die Deutsche Bibliothek verzeichnet diese Publikation
in der Deutschen Nationalbibliografie; detaillierte bibliografische
Daten sind im Internet über http://dnb.ddb.de abrufbar.

Name, Alter und Beruf der erwähnten Privatpersonen
wurden so verändert, dass Ähnlichkeiten Zufall wären.

FSC

Mix
Produktgruppe aus vorbildlich
bewirtschafteten Wäldern und
anderen kontrollierten Herkünften

Zert.-Nr. SGS-COC-1940
www.fsc.org
© 1996 Forest Stewardship Council

Verlagsgruppe Random House FSC-DEU-0100
Das für dieses Buch verwendete FSC-zertifizierte Papier *EOS*
liefert Salzer, St. Pölten.

*Ein Projekt von AVA international GmbH
Autoren- und Verlagsagentur, Herrsching.
www.ava-international.de*

2. Auflage, 2006
Copyright © 2006 by Gütersloher Verlagshaus, Gütersloh,
in der Verlagsgruppe Random House GmbH, München

Umschlaggestaltung: schwecke.mueller Werbeagentur GmbH, München
unter Verwendung einer Zeichnung © getty images
Satz: Katja Rediske, Landesbergen
Druck und Einband: GGP Media GmbH, Pößneck
Printed in Germany
ISBN-13: 978-3-579-06942-5
ISBN-10: 3-579-06942-X

www.gtvh.de

Inhalt

Feine Psychologie des Einzelgängers

Ein Vorwort

»Wovon handelt das Buch?«
»Von der Einsamkeit.«
Betroffenes Schweigen.

»Ist das nicht furchtbar traurig?«
»Nein, im Gegenteil.«
Noch betroffeneres Schweigen.

Die üblichen Ratgeber für Alleinstehende und andere Einzelgänger sind zu wenig radikal. Sie bewegen sich zwischen TROST und TROTZ und kommen nicht an den Kern der Sache heran: nämlich das Alleinsein als Ziel anzusteuern.

Es geht also im vorliegenden Buch darum, die Einsamkeit als Teil der Lebenskunst zu entdecken.

Die Suche nach dem guten Leben gestaltet sich oft schwierig. Allzu viele Einflüsse von außen verbergen, was das GUTE LEBEN noch so alles bereithalten würde – wäre das Image dieser Möglichkeiten nicht so miserabel. Der schlechte Ruf der Einsamkeit, der sie in die Nähe von Tränen, Depression und Suizid rückt, ist meistens ungerechtfertigt und gehört korrigiert.

Der Leser findet in dieser Streitschrift die Einsichten einer überzeugten Einzelgängerin, die sich sehr wohl auch der ernsten Hintergründe der Einsamkeit bewusst ist und gerade deshalb weiß, wie man Elend in Freude kippen lassen kann.

Mit fideler Schonungslosigkeit werden zudem elegante Strategien für den von Menschen umzingelten und bedrängten Einzelgänger vorgestellt. Der weltläufige Solitär in seinem eigenwilligen Lebensentwurf begnügt sich nicht mit der friedlichen Bejahung seines Zustands. Er kann die Einsamkeit als lockende Herausforderung angehen.

Kleine Typologie der Einsamkeit

Welche Art von Einzelgänger sind Sie?
Welche möchten Sie sein?
Und warum Sie dieses Buch
eventuell heimlich lesen müssen

Machen Sie sich gleich darauf gefasst:

Allein lebende Menschen neigen dazu, in ausuferndem Maße nur von sich zu reden. Ihre blauäugige Weltzugewandtheit wird verstehbar aus der Einsamkeit des Einzelgängers. Wenn er sich denn mal unter Menschen begibt und sich äußert (selten am Stammtisch, öfter in der Selbsthilfegruppe, gern in Leserbrief- oder Buchform), wird seine oft tagelange Isolation aufgehoben. Er hat dann den Rededrang des Senners, der im Herbst von der Hochalm ins Tal hinabsteigt und den Mund nicht mehr halten kann, wo er doch erstmals wieder Lebewesen vor sich hat, die zuzuhören scheinen.

Bevor das alles beginnt und ich Ihnen also mit eigenen Erfahrungen, Anekdoten, Interviews, Hin- und Beweisen komme, will ich als überzeugte Einsamkeitsfanatikerin dennoch erstmal über Sie, liebe Leser, sprechen.

Um es kurz zu machen: Wieso haben Sie dieses Buch gekauft/ ausgeliehen/geklaut/bis hierher gelesen?

Erste Möglichkeit: Sie glauben, Sie seien einsam?

Schon falsch.

Sie *fühlen* sich einsam. Das ist ein gewaltiger Unterschied. Nicht umsonst ist es neuerdings üblich, in den Wetterberichten von gefühlter Kälte oder Hitze zu sprechen. In Wirklichkeit ist die Temperatur eine andere. Und nur weil Wind oder die Tatsache, dass gerade November oder Aschermittwoch ist, noch dazu kommen, fühlt sich die Sache so und nicht anders an.

Nur weil

- Ihre eigene Stimmung, Ihr Selbstmitleid, Ihre ganz persönliche Auslegung des Begriffs »Einsamkeit« dazu kommen,
- darüber hinaus auch noch Ihre Fremdsprachenkenntnisse, die Ihnen ermöglichen, englische Schlagertexte zu übersetzen und Sie kaum einen Song ohne das Wort »lonely« vernehmen,
- Sie außerdem wahrscheinlich eine rege Phantasie haben und alle, aber auch absolut alle Menschen um sich herum gerade jetzt in trautem Gespräch, in inniger Umarmung, in seliger Stimmung, in familiärer Umgebung, in atemraubender sexueller Aktion sehen,
- also nur weil all diese und tausend andere Ingredienzien dazu kommen, fühlen Sie sich einsam – statt allein.

Zweite Möglichkeit: Sie sind nicht einsam, fürchten aber, es eines Tages oder in ein paar Jahren (man weiß ja nie) oder im Alter (das weiß man schon genauer) oder vielleicht sogar in ein paar Stunden zu sein:

Dazu ist nicht viel mehr zu sagen, als: Warten Sie's ab.

So manche über Nacht verlassene Person,

so manche Mutter, deren Kinder das Angebot des »Hotel Mama«, *all inclusive,* ausschlugen und das gefürchtete *empty nest* mit vereinsamten Eltern zurückließen,

so manche Leute, die sich in wesentlich schlimmeren Umständen befanden, wie zum Beispiel im Krieg, auf der Flucht, verfolgt, krank oder alt und dabei auf sich allein gestellt waren,

so manche dieser Menschen brachen in der neuen Einsamkeit nicht zusammen, sondern – *auf:* Sie brachen auf zu neuen Ufern. Mutig und demütig zugleich, manchmal aufatmend, auch entlastet, sogar befreit und nicht selten zu ihrem eigenen Erstaunen nicht unglücklich, sondern auf eine gewisse Art glücklich – nämlich versöhnt mit ihrem Schicksal und nicht hadernd.

Es bleibt eine dritte Möglichkeit: Sie sind nicht einsam, möchten es aber sein. Auch das gibt es.

Vielleicht wollen Sie auch nur mehr Zeit für sich haben. Sie sind reif für die Inseln, Inseln der Einsamkeit. Wer sich nach solchen paradiesischen Eilanden in seinem ansonsten mit Menschen, gar Mitmenschen angereicherten Leben sehnt und sie hin und wieder aufsuchen möchte, der ist hier richtig.

Sie werden aus diesem Buch Ansporn, ja Aufstachelung ziehen können und sich bestätigt alsbald auf die Socken und von dannen machen. Allerdings sollten Sie das Buch ein wenig versteckt lesen. Aus Schülertagen wissen wir noch, mit gefälschten Einbänden umzugehen. In unserem Fall bieten sich Titel wie »So erhalte ich meine Ehe«, »Gemeinsam geht es besser«, »Der Mensch ist nicht allein da« und ähnliche an. Denn die Frage der Sie umgebenden Leute (Ehepartner, Kinder, Eltern, Schwiegereltern, Schulfreunde, Notärzte, der hereingebetene Gasableser): »Was liest Du/lesen Sie denn da Schönes?« wird nicht ausbleiben.

Übrigens einer der Gründe, lieber allein zu leben respektive zu lesen. Was man gerade Schönes liest, kann man dann immer noch in die Mikrophone der Fernsehreporter sprechen, die einen in Fußgängerzonen mit ihren Literatursendungsumfragen belästigen.

Das Thema Einsamkeit reicht in beinahe jedes Leben hinein, auf diese oder jene Weise. Der eine wünscht sie sich. Ein anderer zerbricht daran. Der eine beruft sich auf große Geister (wir werden sie in einem späteren Kapitel auflisten), der andere weist auf die Nachbarin hin, die sich wegen der Einsamkeit, die sie nicht mehr ertrug, aus dem Fenster stürzte. Was also hat es mit diesem Zustand auf sich? Mit einem Zustand, der genau betrachtet erstmal nichts weiter darstellt, als (mit sich) allein zu sein?

Wer ist mit
   sich allein?

Die allein erziehende Mutter sieht in den düstersten Augenblicken ihres Feierabends vor sich einen geliebten Menschen, der Betreuung und Zuwendung fordert und Liebe und Glück vermittelt – und sie sieht sich dennoch ziemlich allein gelassen, weil dieser Mensch eben noch nicht auf Augenhöhe mit ihr kommunizieren kann.

Zudem wäre es nicht zu verachten, wenn ein zweiter Mensch, vorzüglich wäre ein Vater, einen Teil oder gar die Hälfte der alltäglichen Verantwortung übernähme, einen Teil der endlosen Fragen des Kindes beantwortete, einen Teil der Großmarkteinkaufstüten in den zweiten Stock trüge, einen Teil des Geldes einbrächte, das jeden Tag draufgeht. Da wäre ein zweiter Mensch im Haus nicht zu verachten. So aber fühlt man sich nicht nur allein, alleingelassen, sondern gern auch einsam.

Allein gelassen ist (und einsam fühlt sich) häufig auch der alternde und der alte Mensch. In einem seiner wunderbaren Gedichte brachte das Gottfried Benn mit einer Zeile auf den Punkt: »Einsam aus Alter und Verlust«.

»Sie sind alle weggestorben«, sagte ein alter Herr zu mir, auf einer Parkbank, auf der wir zufällig zusammen zu sitzen und ins Gespräch gekommen waren. Dazu ist nicht viel zu sagen, und da gibt es wenig Trost.

Der britische Schauspieler Peter O'Toole formulierte es in einem Interview ein wenig sarkastischer. Auf die Frage, wieso er noch so gesund und jugendlich daherkäme, antwortete er: »Ich halte mich fit, indem ich hinter den Särgen meiner Freunde hergehe.«

Ähnlich humorvoll und zum Vergnügen von einigen Millionen Fernsehzuschauern wird uns das Alleinsein durch Überleben im Alter alljährlich am Silvesterabend über den deutschen Bildschirm nahe gebracht: »Dinner for One«.

Es geht um eine bejahrte Dame, die ein festliches Abendessen mit vier imaginären alten Freunden feiert, die offensichtlich verstorben sind. Ihr treuer Diener nimmt bei jedem Umtrunk zwischen den Gerichten die jeweiligen Positionen der Gäste ein und ist natürlich alsbald ziemlich betrunken. Dass uns bei diesem Film die Tränen im Halse stecken bleiben und stattdessen nur Gelächter aufkommt, ist wahrscheinlich mit der Hysterie des *Countdown* zur Jahreswende hin erklärbar. Denn eigentlich ist der Streifen todtraurig.

Warum gehen alleinstehende Rentner, greisenhafte Mütterchen und überhaupt auffallend viele wirklich alte Menschen täglich zwischen siebzehn und achtzehn Uhr zum Einkaufen – wo sie doch den ganzen Tag über Zeit hätten? Ist es möglich, dass sie im Gewühl mit all den Berufstätigen, die jetzt in die Läden quellen, nichts weiter als menschliche Nähe und Wärme suchen? Und sei es in der Drängelei an den Kassen?

Selbst der genervte Stoßseufzer des jugendlichen Dynamikers hinter der betagten Kundin (»Mach hinne, Alte!«, wenn sie aus ihrem Portemonnaie umständlich auch noch das letzte Centstück mit gichtigen Fingern zu klauben versucht, um es der Kassiererin recht zu machen) bedeutet wenigstens noch Beachtung, wenn auch nicht Achtung.

Der alte Mensch und seine Einsamkeit wurden mir schmerzhaft bewusst, als ich eine Freundin täglich im Krankenhaus besuchte. Sie teilte das Zimmer mit einer 80jährigen, auf deren Nachttisch keine Blumen standen und die auch das ihr vom Krankenhaus angebotene Telefon wieder abbestellt hatte. Es waren sowieso keine Anrufe gekommen, und sie selbst wollte auch »niemanden belästigen«.

Sie lag da und schaute vor sich hin und freute sich, wenn ich meine Freundin besuchte, »weil ich dann Stimmen und Gespräche höre«.

Als ich sie fragte: »Haben Sie denn keine Familie?«, leuchteten ihre Augen kurz auf: »Doch, doch, einen Sohn, eine Schwiegertochter und zwei Enkelkinder.«

»Die wohnen sicher weit weg«, sagte ich, um ihr eine goldene Brücke zu der Erklärung zu bauen, warum diese Herrschaften denn nie auftauchten.

»Nein«, sagte sie, »aber am anderen Ende der Stadt. Und die haben ja auch viel um die Ohren mit den kleinen Kindern, dem Beruf, dem Haushalt.«

Schönfärberei? Selbstbetrug? Resignation? Mit dem stillschweigenden Einverständnis meiner klugen Freundin setzte ich mich künftig mit meinem Stuhl zwischen die beiden Betten. Und für die nächsten Tage bildeten wir eine Gesprächsrunde zu dritt.

Ätzend einsam fühlt sich natürlich auch der vergeblich Liebende, der vom geliebten Menschen im Stich Gelassene. Seine Einsamkeit hat noch die verschärfende Zutat: verlassen (worden) zu sein. Allein gelassen. Verstoßen. Versetzt. Sitzen gelassen.

Man kannte noch vor kurzem einen anderen Zustand – dummerweise den genau entgegengesetzten. Nie war man so wenig einsam, so wenig allein. Man war mit jemand anderem in einer Innigkeit verbunden, als sei man zusammengewachsen. Wenn nicht körperlich, so doch in Gedanken. Das Denken kreiste konstant um den anderen. Man las dessen Horoskop noch vor dem eigenen. Man konnte in kein Schaufenster schauen, ohne Krawatten beziehungsweise Dessous für den geliebten Menschen aussuchen zu wollen.

Der Verlassene, der das Ende einer Liebe um die Ohren geschlagen bekommt, ist seiner brandneuen Einsamkeit ausgeliefert wie wenige andere, die das Alleinsein durch Schicksal oder Zeit erst allmählich kennen lernten.

Einziger Trost: Der Verlassende leidet häufig fast so sehr wie der Verlassene. Wenn auch selten unter Einsamkeit, denn der hat er durch rechtzeitige Vorsorge für den Nachfolger/die Nachfolgerin vorgebaut. Verlasser verlassen bekanntermaßen meist erst dann, wenn garantiert ist, dass auch nicht eine einzige Minute Einsamkeit drohen könnte.

Die bisher beschriebenen Einsamen sind ein paar typische Beispiele. Das Heer der Einsamen aber setzt sich aus wesentlich vielschichtigeren Schicksalen und unterschiedlicheren Lebenswegen zusammen.

Es fühlen sich auch Leute einsam, von denen man es niemals angenommen hätte: Stars und Politiker, Wissenschaftler und Manager, jeweils Männer und Frauen. Solche Leute treten nicht so oft allein auf, weil sie von Bewunderern oder einem Mitarbeiterstab tagaus, tagein umgeben sind. Aber sie fühlen sich öfter, als man glaubt, im Innersten elend einsam.

Einsamkeit kennen auch: die gemobbte Sekretärin, der schwarzafrikanische Student, das Mauerblümchen am Rand einer Tanzfläche, der von Haus aus Schüchterne, die Neue in der Stadt, der Topmanager, der auf keine Familie mehr zurückgreifen kann, die Karrierefrau, die alle Kollegen hinter sich lassen musste, das Kind, mit dem keiner spielen will, weil es billige Klamotten trägt, die Schülerin, die in der Turnstunde als letzte auf der Bank ausharrt, weil die Spielführer der Völkerballmannschaft das unsportliche, dicke Ding nicht in ihrem Team haben wollen.

Das sind verletzende Einsamkeiten, die über die kurzfristige Kränkung hinaus krank machen können. Die Rückenschmerzen der Sekretärin, das Alkoholproblem des Managers, die Fettsucht des Lehrlings, das Verstummen des Kindes, das Magengeschwür der Konzernchefin – für Ärzte und Therapeuten nichts Neues, sondern sobald sie von den Lebensumständen ihrer Patienten erfahren: ein ziemlich klarer Fall, nicht unerwartet.

Diesen Einsamkeiten wollen wir hier auch immer mal wieder Raum lassen, einen Namen geben, Fälle aufzeigen und die Hölle der Einsamkeiten mutig aufsuchen.

Wir erreichen damit zweierlei: Zum einen ist es – wie in Selbsthilfegruppen – nie ganz verkehrt, zu merken, dass auch andere

Menschen zum Beispiel Alkoholiker sind oder zu Hause die demente Mutter pflegen müssen, eine lästige Krankheit haben – oder eben unter Einsamkeit leiden.

Zum anderen kann man das Leiden an einem Zustand nur in den Griff bekommen und in sein Gegenteil verkehren, wenn man sich diesem Zustand und seinen Grausamkeiten stellt.

Dazu gehört Mut. Den bringt nicht jeder auf. Manche verharren in Resignation, manche versinken in Melancholie, manche verstocken in Trotz.

Ein Beispiel:
Die einsamen Helden

Nehmen wir die einsamen Helden. Nicht jene, die allein auf die Gipfel dieser Welt steigen, als Einhandsegler die Ozeane bewältigen oder mit Eis überzogene Kontinente durchqueren. Sondern jene, die sozusagen nebenan wohnen oder auch ein paar Stockwerke höher im Büroturm. Nehmen wir die einsamen Helden aus den Chefetagen.

Als sprachlos, schüchtern und liebesunfähig erweisen sich zum Beispiel immer mehr Spitzenmanager, sobald sie nicht mehr in eine Familie eingebunden sind, die ihnen alles abnimmt (nachdem sie allerdings zuvor alles gefordert hatte). Erzählen wir hier ruhig ein wenig ausführlicher die Geschichte von Walter L. und ein paar seiner (Leidens-)Genossen:

Walter L. ist ein 57jähriger Spitzenmanager der Großindustrie, dessen Frau sich jetzt nach 28 Jahren Ehe scheiden ließ: »Ich bin ein sozialer Eremit geworden. Ich mache diesen Wettlauf nicht mit. Ehrlich gesagt, weiß ich auch gar nicht, was ich mit wem überhaupt reden soll. Was wollen denn heute die Frauen? Rosen, Parfum, den Flugschein? Mache ich mich damit nicht abgrundtief lächerlich?«

Was ist eigentlich aus den siegessicheren, grauen Wölfen geworden, die man noch vor ein paar Jahren heißhungrig mit triefenden Lefzen durchs Gelände stromern sah? In den Mundwinkeln pure Lust, in den Hinterköpfen Henry Kissingers Selbstberuhigungszitat: »Macht ist ein starkes Aphrodisiakum.« Sind sie in eine Falle geraten oder endgültig verhungert?

Nichts dergleichen. Sie haben nur das Jagen aufgegeben, die Neugier und die Suche. Übersättigt? Müde gelaufen? Beleidigt? Oder weil sie einfach nicht mehr wissen, wie sie sich auf freier Wildbahn bewegen sollen?

Der Single oder Neo-Single aus den Chefetagen, der sich früher aufs Locken mit der schwarzen oder wenigstens der goldenen Kreditkarte oder auf die Duzbrüderschaft mit Nobelpreisträgern verlegt hatte, sinkt zunehmend zu einem unbeholfenen Weltfremdling ab. Unwilligkeit oder Unfähigkeit?

Nach »Managerkrankheit« und »Burnout-Syndrom«, was jeweils die Familie leiden, die Kollegen feixen und die Ärzte verdienen ließ, registrieren Mediziner und Psychologen eine völlig neue Störung unter den Männern an der Spitze. Und es ist nicht einmal mehr jemand zum Feixen da. Denn der Mann fällt nicht aus, und sein Leiden fällt nicht auf.

Die Unauffälligkeit ist vielmehr das Leiden an sich.

»Es ist die Angst vor privaten Kontakten, der Rückzug in die Isolation – wenn beruflich erfolgreiche Männer allein leben müssen«, verrät ein Psychoanalytiker, dessen Klientel sich aus der Führungsschicht rekrutiert.

Der Mangel an Kommunikationsfähigkeit fällt niemandem auf, so lange zu Hause Frau und Kinder für eine relative Nestatmosphäre sorgen und ein soziales Auffangnetz bilden. Wenn die Kinder aber erwachsen werden und weggehen, wenn dann auch noch die Ehe zerbricht, wird solchen Männern erstmals ihre Lebensuntüchtigkeit schmerzhaft bewusst. Ohne die stützende Partnerin als Drehscheibe für alle sozialen Kontakte finden sie sich nicht mehr zurecht.

Der Satz »Liebling, ich bringe Geschäftsfreunde zum Abendessen mit!« ist sowieso schon lange völlig unrealistisch und kommt nur noch in alten Hollywoodfilmen vor. Es ist vielmehr die Frau, die an gesellschaftliche Verpflichtungen erinnert.

Hoch dotierte Männer auf dem Gipfel wirtschaftlicher, politischer oder wissenschaftlicher Macht registrieren erstaunt, dass sie zunehmend verlernt haben, wie man außerhalb der Firma lebt.

Statt mit der tagsüber erprobten Macht vorzupreschen, zieht sich der einsame Leitwolf von heute in sein Apartment zurück.

Walter L. mit trotzigem Stolz: »Meine neue Behausung habe ich so klein angemietet, damit kein Besucher hineinpasst und auch eine Haushälterin überflüssig ist. Das Haus überließ ich nach der Scheidung der Familie.«

Ihm geht es wie etlichen seiner Leidensgenossen aus den höheren Etagen, die ihre Abende in erbärmlicher Routine verbringen. Er fasst zusammen: »Ich wasche meine teuren Seidensöckchen per Hand und höre mir dabei alte Joe-Cocker-CDs an. Später führe ich mir ziemlich desinteressiert einen Softporno zu Gemüte und schleppe mich gegen Morgen ins einsame Bett, meist ohne vorher die ein, zwei Champagnerflaschen wegzuräumen, die ich den Abend über geleert habe. Aufs Klingeln an der Haustür reagiere ich nicht, der Anrufbeantworter ist auf Abwehr gestellt.«

Was macht gerade diese Fälle so tragisch? Es ist die verstörende Diskrepanz zwischen Macht und Mief, zwischen Einfluss und Einsamkeit.

Nun sind der alte Mann und das Meer von Einsamkeit ja keineswegs neu. Er versinkt bekanntlich schnell darin, stirbt etliche Jahre vor seinen verheirateten Geschlechtsgenossen und sowieso lange vor allen Frauen.

Der Durchschnittsrentner sucht wenigstens noch nach Nähe, Schwatz und Zank am Bauzaun, im Wartezimmer des Arztes oder beim Bodenschach im Park.

Der beruflich erfolgreiche, alternde Single aber zieht sich in seine vier Wände zurück. Diese Flucht schönt der Elite-Eremit zum »hedonistischen Geheimtipp«. Seine Rückzüge erklärt er wortreich als Folge seiner »hohen Ansprüche«. Das ist seine Antwort auf all die gezückten Dolche, die geöffneten Hände und geschürzten Röcke, von denen er sich bedroht glaubt.

Warum aber vereinsamen Topleute tatsächlich erbarmungsloser als andere? Wieso büßen sie desto mehr an Lebenstüchtigkeit ein, je tüchtiger sie im Büro sind?

Ein Unternehmensberater meinte, für ihn sei eine solche Bedrohung der Beziehungsfähigkeit kein Wunder: »Der Druck auf Manager in diesem weltweit mörderischen Wettbewerb wächst wie nie zuvor in der Geschichte. Für die Bewältigung dieser neuen Situation haben wir noch nicht das Handwerkszeug. Der Manager von heute ist nicht mehr Herr seines Zeitbudgets. Wie soll er sich da auch noch um Persönliches kümmern können?«

Hierarchie-Höhe bringt zudem Einsamkeit: Chefs fallen weg, Kollegen bleiben zurück, zum Plausch steht niemand mehr zur Verfügung.

Gnadenlose Kontaktabbrüche kennzeichnen den in die Isolation abdriftenden Manager. Noch ein wenig jünger und noch ein wenig weiter unten in der Hierarchie würden sich solche Männer ins Nachtleben stürzen, auf den Golfplatz, an die exklusiven Strände. Heute aber: »Wie geht das überhaupt? Was für Leute treffe ich dort? Worüber soll ich mich unterhalten?«

Die neue Offenheit gleichaltriger Geschlechtsgenossen verunsichert unseren einsamen Helden noch zusätzlich. Im Fernsehen erzählen gestandene Männer von ihren Beschwerden in den Wechseljahren; und locker werden Potenzprobleme zum Thema von öffentlichen Diskussionsrunden.

Wer in diesen Jahren allein ist, wird es nicht nur lange, sondern vielleicht für immer bleiben.

Walter L. ist ein anspruchsvoller und misstrauischer Perfektionist: »Frauen, die sich von meinem Jet und Terminen beim Wirtschaftsminister beeindrucken lassen, sind mir zu primitiv.« Selbst das kurze Abenteuer mit ihnen scheut der biologisch seiner Sache nicht mehr so Sichere. Die alters- und bildungsmäßig Passende aber wird den Teufel tun und sich »mit einem Neurotiker langweilen, dessen Lebensferne sich dem Autismus annähert«, erzählte mir lachend eine 48jährige Rechtsanwältin aus Berlin.

»Man sieht das langsame Verschlampen dieser ansonsten elegant auftretenden Leute zuerst an den abgewetzten Ärmelkanten der Mäntel«, verrät die Assistentin eines Kardiologen. »Was außerhalb ihrer Firmen und Ämter geschieht, auch mit ihnen selbst, wird ihnen gleichgültig.«

Dann kommt der Tag, da unserem Mann seine Weltentfremdung selbst auffällt. Und er beschließt zu reden. Andererseits aber fürchtet er mehr noch als alles andere die Selbstoffenbarung. Eine Gruppenleiterin: »Das Sprechen über menschliche Regungen wird im Machtsystem als Unterwerfungsgeste wahrgenommen. Das ist einer der Gründe für das Verstummen des Spitzenmannes.«

Erst wenn seine Beziehungslosigkeit phobische Ausmaße erreicht, wenn sein Selbstbetrug zu bröckeln beginnt, wenn seine unbewusste Sehnsucht nach Leben und Lieben langsam an die Oberfläche seines Bewusstseins wabert, wird der Vereinsamte Hilfe suchen. Von nicht zugelassenem Leid können Ärzte, Coaches und Therapeuten ein Lied singen. Nicht selten ist es das Lied vom Tod.

»Der Bilanz-Suizid geschieht nicht aus Seelenqual, sondern nach der Überlegung: ›Was kann noch kommen? Die Spitze habe ich erreicht. Darüber hinaus gibt es für mich ja nichts mehr.‹ Manche machen es schnell. Die meisten aber langsam mit Drogen und Alkohol«, berichtet der Chefarzt einer exklusiven Privatklinik.

Wo also sind sie geblieben, die souveränen Grandseigneurs, die liebenswürdigen Bonvivants, diese reizvollen älteren Männer, die ihre Machtposition mit Grandezza garnieren, ihrer Vitalität einen Hauch Wehmut beimischen und ihre Erfahrung mit Weisheit anreichern?

Ein 82jähriger Ex-Bankier sagt: »Es waren die Frauen, die solche Tugenden bei uns abriefen.«

Wenn die einsamen Helden aus der Chefetage sich ihrem Alleinsein mit mehr Gelassenheit, ja Freude stellen würden, statt sich in Trotz und Resignation zu flüchten, wer weiß, vielleicht würden es wieder die Frauen sein, die solche Tugenden bei ihnen abrufen könnten.

Was tun Sie, wenn Sie sich einsam fühlen? Eine Umfrage

»All unser Unglück rührt daher, dass wir nicht allein sein können. Daher kommt das Glücksspiel, die Prachtliebe, die Verschwendung, der Weingenuss, die Frauenherrschaft, die Unwissenheit, die Klatschsucht, der Neid – und daher vergessen die Menschen Gott und ihr eigenes Lebensziel.«
Jean de la Bruyère im 17. Jahrhundert

Juliette Greco, 79, Chansonsängerin:
»Mozart, Bach und Debussy hören. Ich lebe und genieße die Einsamkeit, schon seit ich ein Kind war.«

Renate Schmidt, 61, frühere Bundesfamilienministerin:
»Würde ich mich nur endlich einmal einsamer fühlen können! Es gab manche Tage in den vergangenen Jahren, da bin ich auf die Toilette gegangen, ohne dass ich musste. Nur damit ich mal fünf Minuten allein sein kann.«

Beate, 42, Psychotherapeutin:
»Nicht flüchten, sondern sich stellen! Ich gebe mich der Einsamkeit hin. Kein Fernsehen, kein Kühlschrank, kein Telefon, kein Alkohol, wenn eine solche Stimmung mal aufkommt. Ich beobachte dann meine Einsamkeit, nehme sie an, akzeptiere sie wie eine gute Freundin.«

Tom, 34, Modefotograf:
»Heavy Metal, ganz laut.«

Antje, 40, Gynäkologin:
»Ich schaue alte Fotoalben an. Das stimmt mich erstmal noch trauriger, versöhnt mich aber dann mit dem Leben, wie es nun mal ist: Die geliebte Großmutter, die schon tot ist. Die Eltern, die in einer anderen Stadt leben. Die Kindheit, die vorbei ist. Freunde, die keine mehr sind. Irgendwie fühle ich mich dabei geborgener, aufgehobener. Und sei es nur in meiner eigenen Vergangenheit.«

Wolfgang, 26, Gitarrist:
»Ich schreibe alles auf, was mir in den Sinn kommt. Als eine Art Tagebuch des Unglücklichseins.«

Stephanie, 23, Sprachstudentin:
»Ich mache mich, sobald ich mich einsam fühle, an Arbeiten, die ich immer vor mir her geschoben habe. Das bedeutet zwar eine große Kraftanstrengung, hilft aber! Über solche Scheußlichkeiten, wie zum Beispiel das Balkongitter zu streichen, vergesse ich doch glatt alle Einsamkeit.«

Patty, 23, Barkeeperin:
»Ich gehe ins Bett, so schnell wie möglich und egal zu welcher Tageszeit, und ziehe mir die Bettdecke übern Kopf.«

Rainer, 44, Mathematiklehrer:
»Es klingt albern, aber es hilft: Bei jeder Art von Traurigkeit beginne ich zu pfeifen oder zu singen. Erst mag das recht krampfhaft und gezwungen sein, aber nach einiger Zeit kommt es ganz von allein. Und schließlich habe ich mich in eine Stimmung hinein manövriert, die mich tatsächlich pfeifen oder singen lässt.«

Laura, 27, medizinische Assistentin:
»Einsamkeit ist für mich immer nur sexuelle Einsamkeit. Dann denke ich an ein erotisches Abenteuer mit einem Mann und stei-

gere mich so richtig hinein. Es endet damit, dass ich mich selbst befriedige.«

Elsa, 55, Theologin:
»Geistig arbeiten – egal was. Ein schweres Kreuzworträtsel lösen zum Beispiel oder ein Gedicht auswendig lernen, irgendeinen Text ins Englische übersetzen oder Gedanken formulieren.«

Eva-Maria, 34, Kriminalbeamtin:
»Sicher nicht telefonieren. Mir gehen meine Freundinnen, die sich gerade mal einsam fühlen, schon genug auf die Nerven mit ihrem Gejammer am Telefon. Also das möchte ich den anderen ganz gewiss nicht zumuten.«

Peter, 22, Soziologiestudent:
»Ich habe mich bei einem telefonischen Seelsorge-Dienst als freiwilliger Helfer gemeldet. Seit ich weiß, wie verflucht einsam manche Menschen wirklich sind, vor allem die Alten, und wie sehr sie unter ihrer totalen Isolation leiden – seitdem schäme ich mich direkt meiner eigenen kleinen Einsamkeitsgefühle. Die treten ja doch nur auf, wenn mich mal eine Freundin sitzen gelassen hat.«

Christl, 27, technische Zeichnerin:
»Ich gehe ›um die Häuser‹. Ich treibe mich in Kneipen herum. Der Geruch nach Bier und Tabak, das Stimmengewirr, das Gedrängel: Schon beim Betreten eines Lokals ist alle Einsamkeit verflogen. Da brauche ich nicht mal mit jemandem Kontakt aufzunehmen.«

Michael, 53, Geologe:
»Ich versuche, mich auf mich selbst zu besinnen. Ich horche in mich hinein, denke daran, was ich alles kann und wer ich bin und wie ich bin. Man selbst ist sich ja letztlich der beste Freund. Das ist ein Gedanke, der einen nie wirklich einsam sein lässt.«

Nora, 41, Scheidungsanwältin:
»Ich pflege bei aufkommenden Einsamkeitsgefühlen meinen Haushalt auf Vordermann zu bringen. Da entwickle ich eine fast krankhafte Putzsucht. Besser, es rinnt der Schweiß als die Tränen.«

Doreen, 31, Kosmetikerin:
»Boxershorts anziehen, wehende Haare, den Walkman nicht vergessen, und dann gegen den Wind radeln. Da beginnst du zu strahlen. Und ich wette, du bleibst nicht lang allein.«

René, 40, Croupier:
»Ich habe da ein Spezialrezept entwickelt: Ich schaue mir in einem alten Adressenverzeichnis die Namen verflossener Freundinnen an und frage mich bei jeder einzelnen, wie es jetzt mit der wäre: zum Beispiel bei Regen in einem klammen italienischen Hotelzimmer, wenn der Wein und der Gesprächsstoff ausgegangen sind, wenn man keine Lust auf Sex hat und die Stimmung auf dem Nullpunkt angekommen ist. Ich schwöre Ihnen, jegliches Gefühl von Einsamkeit ist sofort verflogen. Und ich bin nichts weiter als dankbar, allein zu sein.«

Adriana, 30, Architektin:
»Joggen. Bei jedem Wetter. Bis ich glaube, ich kann nicht mehr. Und auch dann noch nicht aufhören.«

Esther, 38, Autorin:
»Pro Einsamkeitsanfall genehmige ich mir eine Flasche Pinot Grigio.«

Ulla, 29, Sportlehrerin:
»Früher habe ich geweint, hysterisch reagiert, war unausstehlich und tief unglücklich. Heute, nach meiner Scheidung, lebe ich als überzeugter Single. Seitdem kenne ich keine Einsamkeit mehr.«

Philosophie
des Alleinseins

Vier Beispiele für Einsamkeit, die ich sehr
    genossen habe: ein Augenblick,
ein wöchentliches Aufatmen, zwei Festtage
    im Abstand von genau zehn Jahren.
Aber lesen Sie selbst!

Ich stand neben einer Notrufsäule am Straßenrand. Wer vorbei-
fuhr, muss mich für verrückt gehalten haben, eventuell auch nur
für eine Frau, die einer Panne wegen offenbar die Nerven verloren hat. Ich stand nämlich da, grinste glücklich vor mich hin
und hatte mit einem kleinen Jauchzer kurz die Arme gen Himmel gestreckt; eine Geste, die man von veralteten Inszenierun-
gen auf Opern- oder auch Bauernbühnen her kennt, wenn the-
atralisch Glück und Sieg dargestellt werden sollen.

Was galt es zu feiern? Ich hatte hier, im hintersten Winkel
Österreichs den Auspuff meines Oldtimers verloren, röhrte noch
zu besagter Notrufsäule und erreichte einen Mitarbeiter des ös-
terreichischen Automobilclubs ÖAMTC, der versprach, in etwa
zwanzig Minuten da zu sein.

Dann erkundigte sich der liebenswürdige Helfer noch, ob er
telefonisch irgendjemandem Bescheid geben solle, dass ich mich
verspäten würde.

Ich überlegte zwei Sekunden lang. Keine Kinder schrien nach
der Mutter, keine Eltern – da verstorben – sorgten sich, kein Partner wurde misstrauisch, die engsten Freunde waren gelegentli-
ches Abtauchen von mir gewöhnt.

Ich war allein. Ich war, was man einsam nennt. Und ich sagte,
nein danke, Sie brauchen niemanden zu benachrichtigen, es wartet niemand auf mich!

Dann war das Gespräch beendet, und ich konnte nicht anders,
als von einer tiefgehenden Freiheit beglückt meine Arme in den

Himmel zu strecken. Sonst nicht allzu kirchentreu, hatte ich dennoch das Gefühl, da oben jemandem für diese Freiheit und den Seelenfrieden danken zu müssen. Ihn und mich und natürlich auch den ÖAMTC-Techniker hatte ich ja schließlich immer noch!

Ein paar Jahre lang war ich mit einem Mann liiert, der außerhalb der Stadt, in der ich wohnte, lebte. Wir verbrachten jedes Wochenende zusammen, abwechselnd bei ihm auf dem Land oder bei mir in der Stadt. Auch in den ersten drei Wochen, das heißt in der Phase größter Verliebtheit, war der Sonntagabend und damit der Abschied allerdings nicht gerade der Zeitpunkt, dem ich entgegentrauerte. Im Auto Richtung München oder nach dem Schließen meiner Haustür und dem Nachwinken vom Balkon aus: tiefes Durchatmen, endlich allein.

Zugleich freute ich mich auf das nächste Treffen. Wie gesagt: verliebt, Nähe genießend, voller Sehnsucht, eingehüllt in die Wärme der vergangenen Stunden wie in einen leichten Mantel.

Und doch: Jetzt begann die Zeit der Nachlese, des Absinkens, des Aufräumens (der Küche, des Badezimmers, der Gedanken, der Erinnerungen). Die schönen gemeinsamen Stunden wurden zu erweiterten Träumereien. Die wilden Nächte wurden zur milden Erinnerung. Der Nachklang hörte sich harmonischer an als die vergangene Gegenwart in ihrer hautnahen Unerbittlichkeit. Die Eilfertigkeit des Moments wich nun der ruhigen Rückschau. Das ganze Bemühen, das die persönliche Konfrontation, die Gegenwart eines Zweiten automatisch fordert, wurde abgelöst von Gelassenheit, die verzeiht und versöhnt, wo nichts zu verzeihen und zu versöhnen war. Und vom Nachsinnen driftete ich bald ins Nachdenken hinüber – übrigens eine der angenehmsten Beschäftigungen in bewusster Einsamkeit.

Ich glaube, es war ein japanisches Haiku-Gedicht, das ich nicht mehr finde. Es könnte allerdings auch die Aussage einer Gleichgestimmten unserer Tage sein. Ich habe die Zeilen vor Jahren gelesen und ihren knappen, lakonischen Inhalt weiß ich noch genau: Der Geliebte hat sich für heute auf den Heimweg gemacht. Die Frau schaut ihm lächelnd nach. Es schneit.

Wunderbarer kann man die Situation zweier Menschen, die ihr Alleinsein brauchen und wollen, nicht beschreiben.

Meine zwei letzten runden Geburtstage habe ich allein verbracht. Das kostete mich zuvor allerlei Kämpfe, Überzeugungsarbeit sowie Besänftigung von Beleidigten.

Wenn ein neues Lebensjahrzehnt beginnt, ist das für mich ein bemerkenswerter Einschnitt. Was bringt die neue Zahl vor der Null? Was wird anders im kommenden Dezennium? Wie hast du die ersten Jahrzehnte deines Lebens verbracht?

Alte und neue Weggefährten bedrängten mich: Das wird gefeiert! Organisiere etwas Originelles! Floßfahrt! Dichterlesung! Burg-Anmietung! Autorallye!

Wann sollte ich da meine Vergangenheit Revue passieren lassen? Meine Zukunft bedenken? Den Zauber des Zahlenkippens kosten? Gerade der sich jährende Zeitpunkt meines Auftauchens in der Welt, die Stunde der Freude meiner Eltern, gerade dieses sich wiederholende Wunder eines Geburt-Tages sollte ich im Bierdunst johlend auf den Stromschnellen der Isar verbringen oder mit dem immer etwas peinlichen Anhören stets gleicher Gratulationen und unsäglichen Happy-Birthday-Singens?

Um es kurz zu machen: Beim ersten dieser beiden runden Geburtstage bildete ich mir zur Abwechslung ein, »mal nicht auf der Erde« sein zu wollen. Da ich zum Suizid weder Anlass noch Lust hatte, entschied ich mich für das erdferne Element der Luft und buchte einen Tagesflug in die USA. Die Zeitverschiebung ließ ich außer Acht und erbat zu meiner Geburtsstunde, etwa über Neufundland, von der Stewardess ein Glas Sekt.

Zehn Jahre später, mit neuem Geliebten, aber denselben alten Freunden und Weggefährten und den gleichen Vorschlägen zu originellen Feierlichkeiten, lag das geheim gehaltene Ziel meiner persönlichen Geburtstagsfeier näher: ein oberbayerisches Kloster auf einer Insel an einem der für mich schönsten Flecken der Erde.

Notizen, die ich in meinem gemütlichen Gästezimmer machte, nachdem Abendvesper und karges Abendbrot vorüber waren und nur noch ein paar Lampen in den Zellen der Nonnen brannten, wie ich beim Blick über den Klosterhof sah:

»*Die Klosterpforte. Das Klopfen an die Scheibe erinnerte mich an einen Film, der im Mittelalter in Europa spielte und mit Verfolgten und der Aussicht auf bergenden Schutz zu tun hatte, mit bedrängten Huren, heimkehrenden Soldaten, Waisenkindern, Bettlern, hilflosen Müttern, Aussätzigen, Hungernden.*

Tatsächlich blickte die alte Nonne ein paar Sekunden lang ziemlich distanziert auf mich und meine Jeans und meinen Rucksack. Dann aber eilte die kleine Schwarzgewandete wieselflink heraus aus ihrer Pförtnerloge und drückte mir die Hand.

Ich hatte vor Aufregung und Rührung eine viel zu helle Stimme und kämpfte mit den Tränen. Na, das wird sich schon legen mit der Zeit.

Die Nonne kannte das und übersah es.«

»*Stilles Treppenhaus, steile Stiege bis in die Mansarde. Es riecht nach Möbelpolitur. Ich bekomme ein Zimmer unter dem Dach. Wie viele Zimmer in diesem riesigen Bau wohl jede von den nur noch zwölf Nonnen bewohnt? Haben die Tanzsäle oder ein Billardzimmer oder einen Fitnessraum? Etwa einen Weinkeller?*

Weg mit solchen Gedanken!

Mein Zimmer ist sehr gemütlich und riecht nach Großmutter. Ein Gaubenfenster in der Dachschräge, altes Mobiliar, anmutig, aber streng, kleiner Schreibtisch, Vitrinenschränkchen, Hesse-Gedichte auf dem Nachttisch, eine Flasche Mineralwasser, eine Bibel, unauffällig platziert, das Kruzifix am Kopfende des schmalen Betts, eine Vase mit stark duftenden Narzissen. Die Bilder an den Wänden, Landschaften in Pastell und ein paar alte Stiche, Kante auf Kante gehängt oder in gleicher Höhe. Keines hängt schief.«

»Die Nonnen: Eine Horde betagter, aber altersloser und selbstbe-
wusster Frauen. Eine im Rollstuhl, so alt und klein, dass man
manchmal, sieht man den Rollstuhl von hinten, meint, er sei leer.
Die anderen gut zu Fuß, immer in Eile. Gestern rannte eine im
Klostergarten an mir vorbei, als gelte es, eine Stampede aufzuhal-
ten. Es war aber nur der Briefträger, der wegfahren wollte, bevor
sie ihm ein Glas mit selbst eingekochter Marmelade mitgegeben
hatte.«

»Der klösterliche Innenhof wirkt immer windstill, sogar bei Sturm,
und immer sonnig, auch bei Nebel. Niedrige Buchshecken säumen
verschlungene kurze Wege. Es gibt eine Steinbank, die lange die
Wärme hält. Und einen alten Grabstein aus Marmor, eingelassen in
die Mauer, die sie um ihr Kloster gebaut haben, und mit einer In-
schrift versehen, die nicht mehr zu entziffern ist. Touristen schauen
durch das Gitter der Pfortentür auf mich und denken sich ihren Teil.«

»Draußen, außerhalb der Mauer, bläst fast immer ein heftiger Wind.
Die einzige Öffnung in der schützenden Klostermauer ist das
schmiedeeisern verzierte Tor auf der Westseite. Hier kann der Sturm
eindringen und die jungfräuliche Atmosphäre in der Anlage stören.
So mischt der Windsbräutigam das geschützte Innere des Klosters
auf, bevor er über ein paar Buchshecken hinweg gezügelt seinen
Schwung verliert und sich auflöst in dieser abwartend kraftvollen
Ruhe, die drinnen herrscht.

Mit sich führt der Sturm alles Mögliche. Warum nicht vielleicht
auch ein wenig Rauch einer indischen Feuerbestattung? Den Rest
von Schwaden einer Müllhalde hinter den Favelas von Rio de Ja-
neiro? Ein bisschen Rauch einer Selbstgedrehten? Etwas Unbekann-
tes aus dem All? Oder die Dämpfe einer Kartoffelsuppe vom Ufer
herüber?«

»Heute sah ich, wie eine der Nonnen in eine Windböe geriet, als sie
am Gittertor vorbeieilte. Schwarze Stoffbahnen flogen auf, fegten

waagrecht davon, ein Flattern und Wehen hinter der Voranstür-
menden. Kurzfristig eine verwegene Gestalt, dramatisch attraktiv.
Keine Windmaschine in den Studios der Modefotografen würde das
so hinbekommen.«

»Zum Beten werde ich nicht gedrängt. Aber ich gehe doch einmal
zum Chorgebet. Die blassen Nonnen führen eine für mich fremd-
artige Choreographie auf: Aufstehen, Hinsetzen, Verneigen, das
Kreuzzeichen, dann ein Singen mit so hellen Stimmen, dass ich fast
glaube, im Musikunterricht einer Mädchenklasse zu sein.

Sie sind gebeugt und bucklig. Kleine, schwarze Gestalten wie alte
Raben. Manche der ganz Alten sind nicht mehr in der Lage, sich
beim vorgeschriebenen Verbeugen noch mehr zu krümmen. Ihre
Figuren sind in einer fortwährenden, nicht mehr unterbrochenen
und zu keinem Aufrichten mehr fähigen Bewegung erstarrt. Sie
haben sich vor Gott und vor ihrem langen Leben für immer ver-
neigt, auch wenn sie über ihren stillen Innenhof galoppieren kön-
nen wie Glöcknerinnen von Notre Dame.

Die älteste Nonne (die im Rollstuhl) sitzt bewegungslos in ih-
rem Gefährt, krumm, mit eingefallenem Brustkorb und schon fast
nicht mehr in dieser Welt. Bei den jeweiligen Verneigungsritualen
schiebt sie mit letzter oder vorletzter Kraft ihren kleinen Oberkör-
per ein wenig nach vorne. Eine Pflicht, in Jahrzehnten eingraviert
ins Hirn? Gewohnheit, die zum Automatismus geworden ist? Zei-
chen des Sieges von Geist über Körper? Vermag Glaube das?«

»Die Abende: Ich drehe meine Runde einmal um die Insel dem
Ufer entlang. Die letzten Ausflügler sind ans Festland zurückge-
kehrt. Wie auf Capri: Jetzt stellen sich Stille und Leere ein.«

»Heute morgen, erst auf dem Weg zum Frühstücksraum, fiel mir
ein, dass ja heute mein besonderer runder Geburtstag ist. Aber er
spielte überhaupt keine Rolle. Bei Marmeladenbrot und Pfeffer-
minztee freute ich mich dennoch über den Tag und nahm mir vor,

mich in großer Ruhe und mit viel Zeit mit meinen vergangenen Jahrzehnten zu beschäftigen.

An diesem Tag habe ich nachgedacht, wem ich Unrecht getan habe. Mich gefreut, dass ich es bisher ganz gut über die Runden geschafft habe. Mich erinnert, wie ich frühere Geburtstage begangen habe:

›Reise nach Jerusalem‹ und ›Topfschlagen‹ in Kindertagen. Weinend und schmollend in meinem Zimmer, weil bei meiner Geburtstagsfeier mein Schwarm, 15jährig wie ich, mit einer aufgedonnerten Blondine tanzte. Ein paar Jahre später zu sechst im nagelneuen Cabrio durch die Stadt rasend. Dann als Ehefrau, mehr die Gastgeberin als das Geburtskind gebend. Oder der letzte Geburtstag mit beiden Eltern, mit dem seit Jahrzehnten ritualisierten running gag des auf dem Gabentisch liegenden Micky Maus-Hefts; und meine darüber lautstark und jährlich wiederkehrend geäußerte freudige Überraschung, ja Verblüffung. Dann die Geburtstage, bei denen die ersten Weggefährten fehlten, weil sie gestorben waren. Schließlich der schon erwähnte Flug nach New York. Und jetzt hier.

Ich bin glücklich und dankbar. Und ich bin glücklich und dankbar allein.«

»Am Abend des Geburtstags ein letzter Rundgang über die Insel. Es ist kalt und schön und friedvoll. Der See rollt mit weichen, flachen Wellen ans Ufer. Ich stehe lange am Wasser, und meine Seele schwingt im Rhythmus mit der Dünung. Wie lange bin ich schon hier? Das Zeitgefühl kommt mir ein wenig abhanden. War das gestern? Und jenes heute? Vormittags oder am Nachmittag? Die ersten Sterne zeigen sich. In einigen Zimmern der Nonnen brennt Licht.

Das letzte Problem, das ich an diesem denkwürdigen Tag habe, ist die Frage, wohin ich das kleine Klostergeist-Fläschchen entsorge, das ich tagsüber (›Auf Dein Wohl, Mariela!‹) ausgetrunken habe. In den Papierkorb im Zimmer? Nicht klostergemäß! Also habe ich es zu meinem Abendspaziergang mitgenommen, um es in einen *der öffentlichen Abfallkörbe zu werfen. Aber alle sind vom Kloster aus einsehbar. Und außerdem würde es ganz schön in der Abendstille lärmen, wenn Glas auf den Metallboden träfe. Also trage ich das Zeugnis meiner Weltlichkeit in der Anoraktasche wieder zurück ins Kloster und werde es wohl erst in München endgültig wegwerfen können.*

So endet mein großer, einsamer, wunderschöner Tag.«

Wieso konnte ich die einsamen Stunden, die ich hier beschrieben habe, dermaßen genießen?

Wieso sah ich meine Empfindungen und die daraus entstehenden Einsichten als Geschenke an, die mir das Leben gewährte? Wann habe ich mir abgewöhnt zu klammern? Wann habe ich dieses »verrückte und unbedingte Verlangen nach einem anderen Menschen« (wie der Journalist Reinhard Brembeck in der Süddeutschen Zeitung einmal treffend formulierte) nicht mehr für nötig empfunden?

Ich denke, es war, als ich auf den Geschmack gekommen bin. Als ich es einmal, zweimal ausprobiert und gekostet hatte wie eine erste und eine zweite Zigarette. Und wie diese schmeckte auch die neue Erfahrung anfangs weder gut noch schlecht, aber interessant.

Zugegebenermaßen bin ich gern allein, so lange ich zurückdenken kann. Zur Eigenständigkeit erzogen, wenn auch durch das weltoffene und eher fröhliche Elternhaus von Eigenbrötelei fern gehalten, fielen diese Einflüsse auf den offenbar fruchtbaren Boden einer *geborenen* Einzelgängerin. Im Laufe der Zeit wurde daraus dann die *überzeugte* Einzelgängerin – was eine über lange Jahre glückliche Ehe, ein vergnügtes soziales Leben und die Freude an geliebten Menschen nicht ausschließt.

Als vor vielen Jahren meine Ehe endete, blieb ich für ein Jahr allein auf dem einsam gelegenen Bergbauernhof zurück, auf dem wir damals lebten. Ich und der Hund. Das Geierwally-Image war perfekt.

Es wurde das wichtigste Jahr meines Lebens. Allerdings, zumindest anfangs, natürlich auch ein recht trauriges. Ich hatte vorher nie allein gelebt. Würde ich es schaffen? Um eine Art seelischen Selbstversuch zu starten, nahm ich mir vor, vier Jahreszeiten lang das neue Einsiedlerleben durchzuhalten.

Es gehörte viel Disziplin dazu. Ich zwang mich von Anfang an, eine akribische innere und äußere Ordnung zu halten wie auf einem U-Boot. Ich hatte nunmehr die doppelte und zugleich alleinige Verantwortung für Haus und Hof, den Hund und mich, für das Wohl von Lebendigem und Materiellem.

Ich gewöhnte mir ab, auch nur einen einzigen Schluck Alkohol zu trinken, mal einen faulen Tag einzuschieben, den lieben Gott einen guten Mann sein zu lassen. Da niemand zum Trösten oder zum Beeindrucken da war, wurde auch nicht geweint. Und es wurde nichts vertuscht. Ich fuhr wie früher mit dem Jeep regelmäßig ins Tal, um einzukaufen, anfangs allerdings mit der Ankündigung: »Künftig bitte nur noch *ein* Schnitzel, ich lebe jetzt allein.«

Ich lernte, Spinnen mit der Hand zu fangen, Feuer zu machen wie ein kanadischer Wildhüter, den Wagen allein aus einer Schneewächte zu schieben und den Hund zu operieren, als ich einmal eingeschneit war und mir die nötigen Griffe per Telefon von der Tierärztin durchgegeben wurden.

Ich lernte Selbstbewusstsein und Vertrauen in meine Fähigkeiten. Ich lernte Ruhe und inneren Frieden kennen, Seelenfrieden meinetwegen. Ich lernte, still zu werden, die Wirklichkeit an mich herankommen zu hören und ihr zuzustimmen.

Das waren Augenblicke der Übereinstimmung, wie man sie auch mit einem befreundeten Menschen erleben kann: Wenn man nicht mehr sprechen muss, sich dann zum Beispiel über einen leer gegessenen Tisch hinweg anschaut und sich vor lauter leiser Übereinstimmung plötzlich zulächelt. Lang halten solche Momente meist nicht an, aber es sind Glücksmomente. Und solche werfen einen Anker für künftige gute Zeiten.

Die Wirklichkeit ist so ein Partner. Sie lächelt zurück, wenn man sie offen und aufmerksam anschaut.

Als ich kennen gelernt hatte, was statt Zweisamkeit und Gemeinschaftswahn, statt Symbiose und Verschmelzung auf mich warten würde, kam ich immer mehr auf den Geschmack. Und ziemlich bald war ich der Freiheit und Friedlichkeit des Alleinseins verfallen.

Die Erfahrung

Ei oder Henne? Was war zuerst da?

Ich zumindest begann mit der Erfahrung, dann kam die Einsicht, dann setzte ich die neuen Einsichten um und machte neue Erfahrungen.

So gebar eins das andere, die Erkenntnisse schaukelten sich auf, die Ereignisse überschlugen sich, die neue Lebensweise festigte sich, die Daseinsfreude stieg, und die Tage wurden bunter und spannender, je ruhiger und zentrierter sie wurden.

Ich will und kann nicht überzeugen. Ich kann zwar mitteilen, aber nicht raten. Ich will Menschen nicht verändern. Biologische Aufträge, soziologische Kenntnisse und psychologische Annahmen werde ich nicht über den Haufen werfen. Ich stelle allein das Alleinsein in einem anderen Licht dar. Ich habe die Sichtweise korrigiert und den Blickwinkel verschoben. Ich machte einen Feind zum Freund. Das ist alles. Aber ich habe grandiose Erfahrungen damit gemacht.

Erfahrung und eine daraufhin vielleicht folgende Einsicht, die dann Versöhnung mit den Gegebenheiten mit sich bringt, kann immer nur *persönliche* Erfahrung und Einsicht und Versöhnung mit den Gegebenheiten sein.

Gerade die Hochachtung vor dem Alleinsein verbietet ein hemdsärmeliges Mitsichziehen. Die lustvolle Betonung der Einsamkeit hütet sich davor, in der dumpfen Kumpanei wärmenden Miteinanders untergehakt und in geschlossenen Reihen voranzumarschieren, vereinigt unter dem Banner »Wir wollen mehr Einsamkeit!«.

Ein Priester sagte mir einmal: »Man kann sich Glauben nicht vorschreiben lassen, ja nicht einmal vorglauben lassen.«

Also bleibt es auch hier bei subjektiven Schilderungen. Ich werde nur von meinen Erfahrungen erzählen. Die Erfahrungen von berühmten und berüchtigten, prominenten und stillen Einzelgängern werde ich allerdings auch nicht verschweigen.

Erfahrung ist Beobachtung und Beachtung der Realität. Das Spüren, und zwar das Verspüren von Schmerz oder Freude ebenso wie das Aufspüren von verborgenen Mustern und Gesetzen und das Erspüren des Heimlichen und bislang nicht Beachteten tragen wesentlich zu dem bei, was wir Erfahrung nennen. Mutiges Ausprobieren gehört natürlich auch dazu. Wenn das nicht sogar das Wichtigste ist.

Mit der Lebenserfahrung aber ist das so eine Sache.

Bringt sie jemandem etwas, der diese oder jene Erfahrung noch nicht gemacht hat? Drängt sie sich auf? Hilft sie dem Unerfahrenen? Ist sie ein Vorteil oder ein Wert oder nichts als zufälliges Beiwerk eines längeren Lebens? Kann jeder Dahergelaufene, der aus den unterschiedlichsten Gründen etwas kennen gelernt und erlebt hat, was anderen vorenthalten oder auch erspart geblieben ist, damit prahlen? Vielleicht ist Erfahrung auch nur eine völlig uninteressante Begleiterscheinung Frühergeborener? Darf man auf sie stolz sein – oder muss man sich ihrer manchmal schämen? Möchte man nichts lieber, als auf diese oder jene Erfahrung verzichten? Oder sonnt man sich darin? Ist Lebenserfahrung eigentlich nichts weiter als ein gewisser Informationsvorsprung?

Viel erlebt und nichts begriffen. Was Schule, Kritik, öffentliche Meinung und Konsum vorgekaut anbieten, ist für die Chance der Erfahrung schon gestorben. Denn zwischen ihrer Wahrnehmung und ihrer Einordnung liegt der entscheidende Unterschied wie zwischen Benützung und Genuss.

Erlebnisse müssen reflektiert werden, um zur Erfahrung zu gerinnen; verarbeitet mit allen Affekten und Erkenntnissen von der Angst bis zur Euphorie und von plötzlichem Erfassen bis zu erschreckendem Begreifen.

Und? Kommt dann auf der anderen Seite der lebenserfahrene Weise heraus, der durch alle Feuer gegangen und mit allen Wassern gewaschen ist?

Im schlechtesten Fall macht auch geballte Erfahrung noch lange keinen Weisen, wenn ihn Feuerproben und kalte Duschen nur abgebrüht und kaltblütig gemacht haben. Im besten Fall aber ist der Lebenserfahrene gerade nicht abgebrüht und kaltblütig. Er hat viel durchgemacht und sich die Wunden seiner Täuschungen und Torheiten geleckt, bis sie verheilten.

Aber bei Wetterwechsel schmerzen die Narben noch immer. Daran erkennt man Lebenserfahrung.

Das Umdenken

Geltende Ansichten provokativ über den Haufen zu werfen, das ist oft eine undankbare Disziplin der Wurfsportarten. Dem Provokateur wird zwar erstmal Sympathie entgegengebracht. Es ist die Art gerührtes oder herablassendes Wohlwollen, die man auch dem Dorfdeppen, der Tunte oder dem Girlie zeigt. Darauf folgt Misstrauen, sobald man sich fragt: Der meint das doch wohl nicht ernst? Schließlich schleichen sich Verständnislosigkeit und ein kleiner Ärger ein: Was gilt für den, was für uns alle nicht gilt?

Nie im Leben!

Kommt nicht infrage!

Niemals!

Nur über meine Leiche!

Da führt kein Weg hin!

So schrillen in aller Selbstgerechtigkeit und vermeintlichen Charakterstärke die Schlachtrufe jener Leute, die stolz darauf sind, ihre Meinung nicht zu ändern.

Ich selbst gehörte zeitweise dazu:

»Nie im Leben werde ich den Deckel einer Mülltonne anheben können, weil mich der Geruch würgen lässt!« (In der ersten Studenten-WG nach dem Auszug aus dem Elternhaus trug ich zusätzlich auch noch den Müll jenes Kommilitonen runter, in den ich verliebt war.)

»Niemals werde ich Gesundheitsschuhe tragen, niemals!« (Seit meinem 40. Geburtstag schätze ich bequeme Schuhe ungemein und trage die Hochhackigen nur noch, wenn der Abend nicht allzu lange dauern wird und sie sich unterm Tisch locker ausziehen lassen.)

Und irgendwann trompetete ich auch: »Nur über meine Leiche kommt mir ein Computer ins Haus! Der wahrlich kultivierte Autor benützt die mechanische Reiseschreibmaschine oder den

Stift!«(Natürlich entstehen seit Jahren meine Beiträge auf meinem inzwischen unentbehrlichen Laptop.)

Wann immer Sie sagen können »Ich hätte früher nie geglaubt, dass ich das mal so sehe«, haben Sie bereits gekonnt das Umdenken praktiziert. Wann immer Sie umdenken konnten, haben Sie geistige Beweglichkeit bewiesen. Wann immer es Ihnen gelungen ist, das Ruder herumzureißen, sind Sie einer Katastrophe entgangen. Jener Katastrophe, die von den starren Festgefahrenen befürchtet wird, die beharren und beharren, ohne zu erkennen, dass die Rettung oft in einem Mitschwingen mit den Gegebenheiten des Lebens liegt, dass Einsicht in die Notwendigkeiten die Lösung ist, dass innovative Auswege aus Sackgassen führen können.

Betonköpfe, Dickschädel, Starrsinnige, Engstirnige, Bleifüßler, Sitzfleischige, Scheuklappenträger, Elefantenhäutige, Fanatiker, Philister, Sture, Rechthaber, Intolerante, Dogmatiker, Eiferer – bitte legen Sie dieses Buch zur Seite.

Denn es ist eher für diejenigen gedacht, die all die Kräfte in sich stärken wollen, die sie zu gelassenem und vergnüglichem Umdenken fähig machen – wenn ein Umdenken denn mal nötig sein sollte. Und um dem Missvergnügen an der Einsamkeit den Garaus zu machen, ist Umdenken bitter nötig.

Wir wissen aber auch, dass nicht wenige Unglückliche noch unglücklicher wären, würde ihnen das Unglücklichsein über Nacht genommen. Es gibt einen Genuss am Gewohnten, selbst wenn das die Hölle ist. Bloß keine Experimente! Man hat sich ja arrangiert mit der Einsamkeit.

Aber Sichtweisen zu ändern, muss nicht ängstigen. Es muss nicht einmal mühsam sein, so eine Verschiebung des Blickwinkels vorzunehmen. In unserem Fall, dem gewandelten Blick auf das Alleinsein und die Einsamkeit, bedeutet die neue Sicht Entlastung und Beglückung. Auf neue, unkonventionelle Gedanken zu kommen und neue, unkonventionelle Verhaltensmuster einzuüben, kann ein erfüllendes Abenteuer sein.

Leiden oder leugnen sind die zwei beliebtesten Haltungen der mit ihrem Schicksal hadernden Einsamen. Das Ändern von Ansichten über die Einsamkeit wäre zur Abwechslung mal eine dritte Möglichkeit.

Dieses Ändern von Ansichten ist die Fähigkeit, an den gegebenen Umständen zu lernen, sich auseinanderzusetzen mit den Realitäten der Welt, den Alltag pragmatisch zu bewältigen und ruhig auch mal Regeln zu brechen.

Dass ein solches Umdenken gerade *nicht* immer das Aufgeben von Überzeugungen sein muss oder das Hängen des Mäntelchens nach dem Wind, zeigt folgendes Beispiel. Umdenken kann auch funktionieren, wenn man Bisheriges beibehält und nur den Umgang damit nicht mehr so verbissen sieht:

Die Freundin, die meinem Herzen seit der Kindheit am nächsten steht, singt im Kirchenchor, kocht meisterhaft, geht, nachdem sie ihre Berufstätigkeit wegen der Familie beendete, in ihrer Rolle als treue Ehefrau und sorgende Mutter auf, wählt politisch eine andere Partei als ich und ist sozial tätig.

Mit anderen Worten: Wenn jemand nicht zusammenpasst, dann sind wir das. Aber wir haben uns eine Haltung angewöhnt, die uns nicht schwer fällt:

Sie schlägt stöhnend die Hände über dem Kopf zusammen über mein eher loses Single-Leben. Und *ich* sinke ächzend über ihrem berühmten Apfelstrudel zusammen, wenn sie mir von ihrer kirchlichen Frauengruppe erzählt.

Wieso das funktioniert? Wir haben entschieden, dass wir uns über alltägliche wie über ideologische Abgründe hinweg von Herzen gern haben und dass es albern wäre, wenn das bisschen Pokern hier und das bisschen Plätzchenbacken dort unsere Freundschaft behindern würde.

Umdenken pur.

Das Loslassen

Die Finger waren vielleicht drei, vier Zentimeter lang, rührend klein wie der ganze Neugeborene. Aber die Kraft, mit der die verschrumpelten Handfortsätze den hingehaltenen Zeigefinger des stolzen Vaters eisern umklammerten, erschreckten den Mann, und er nahm sich vor, schon mal am Expander zu üben.

Dieser angeborene so genannte Klammerreflex taucht nicht nur bei Säuglingen auf. Auch Uralte oder Sterbende entwickeln enorme Kräfte, wenn es darum geht, etwas mit den Fingern Umgriffenes nicht mehr loszulassen. Das ist rührend und erschütternd zugleich.

Und was am rührendsten und erschütterndsten ist: Eigentlich verlässt uns der instinktive Klammerreflex ein ganzes Leben lang nicht. Natürlich verlagert er sich, wird sublimiert und bezieht sich auf ganz anderes als den Finger des Vaters oder die Hand des Arztes. Aber offensichtlich werden aus den kleinen Klammeraffen, die wir alle am Anfang waren, die meisten von uns nichts weiter als ganz gewöhnliche Gewohnheitstiere.

Das Klammern bleibt also. Klammern am Gewohnten. Kleben am Bekannten. Nicht loszulassen verspricht Sicherheit und scheinbare Geborgenheit. Je chaotischer die Umgebung wird oder auch die innere Befindlichkeit, desto eher braucht man offenbar das Stabile des guten alten Trotts.

Äußerst beliebt als Garant für Beständigkeit ist nicht zuletzt das Leiden. »Lieber weiterhin leiden als sich ändern«, so lautet ein oft bemühter Stoßseufzer von Psychotherapeuten, die sich an einem Klienten mal wieder die Zähne ausbeißen.

Wie hartnäckig besteht also der sich einsam fühlende Mensch auf seinem traurigen Schicksal?

Da muss man unterscheiden. Er würde zwar recht gern das Schicksal ändern, nicht jedoch die Traurigkeit, die diesem Schicksal anhaftet. Melancholie veredelt schließlich die Einsamkeit. Die Schwermut erst fügt die bittere Würze hinzu, die sie einerseits bekömmlicher macht, andererseits Gelegenheit bietet, das Gesicht zu verziehen und sich ausgiebig dem Selbstmitleid hinzugeben.

Das Loslassen einer lange eingeübten Sichtweise bedeutet ein hartes Stück Arbeit. Und zwar nicht nur für den Loslasser. Auch die Mitwelt wird ihren Umgang mit der Heulsuse, die sich zur munteren Einzelgängerin mauserte, und mit dem Griesgram, aus dem ein freundlicher Hedonist wurde, ändern müssen. Die Beobachter der bisherigen Haltung, gewöhnt ans Jammern und Klagen, werden sich nicht leicht tun. Das ist wie bei dem Mobile, dem eine Figur genommen wird. Das ganze Gefüge gerät in Schieflage.

Jemand, der plötzlich das Hohe Lied auf die Einsamkeit anstimmt und es noch dazu fröhlich singt, kommt da ziemlich ungelegen. Also wappnen Sie sich. Wenn Sie sich künftig als ein zeitweise gern allein Seiender outen, werden Sie mit Ablehnung und Widerstand Ihrer Umwelt rechnen müssen:

- Beschimpfungen seitens jener Wohlwollenden, deren Mitgefühl (»Das ist unser lieber alter Junggeselle, den wir seit Jahren an Weihnachten immer zu uns bitten!«) nunmehr ins Leere läuft.
- Beharrliche Skepsis und Einwände tiefstenpsychologischer Art (»Die lügt sich doch nur in die eigene Tasche!«).
- Unermüdliches Sendungsbewusstsein (»Wenn jeder so denken würde wie du, gäbe es die Menschheit ja bald nicht mehr!«).
- Appellieren an ein Mindestmaß an Moral (»Ihre Haltung ist doch nichts weiter als krasser Egoismus!«).
- Zähe Überzeugungsarbeit der Unter-Menschen-Sein-Fraktion (»Schau uns doch an, wie glücklich wir sind im Kreis der Familie.« Alternativ: im Fußballstadion/am Strand von Benidorm/bei der *Love Parade*.).

Wer das Alleinseinwollen gegen Mitleid, Misstrauen und Missionierung sowohl elegant als auch gebildet verteidigen möchte, dem stehen übrigens genug Beispiele großer Köpfe zur Verfügung, mit denen sich prächtig protzen lässt.

Es sei denn, der Einzelgänger, der sich ja per se durch eine gehörige Portion Selbstbewusstsein auszeichnet, pfeift auf jegliche Rechtfertigung.

Fürs Erste, zum Abschmettern allzu nervender Kritiker unseres Anspruchs auf Einsamkeit, seien hier ein paar Zitate aufgelistet. Diese Kraftsprüche werden Sie bei Ihren Gesprächspartnern nicht unbedingt beliebter machen. Aber um allgemeine Beliebtheit geht es dem Solitär ja auch nur bedingt:

»Die wenigsten Menschen verstehen, wie unendlich viel in der Einsamkeit liegt« (Wilhelm von Humboldt).

»Einsamkeit ist das Los aller hervorragender Geister«, und um noch eins drauf zu setzen: »Denn in der Einsamkeit fühlt der Jämmerliche seine ganze Jämmerlichkeit, der große Geist seine ganze Größe, kurz jeder sich, als was er ist« (beide: Arthur Schopenhauer).

»Ich liebe es, allein zu sein. Nie habe ich Gesellschaft gefunden, die so gesellig wie die Einsamkeit war« (Henry David Thoreau).

Lernen Sie's auswendig!

Bei Regen,
werktags, über Mittag

Zu den Dingen, die ich am liebsten allein tue, gehört das Gehen. Schließlich handelt dieses Buch ja auch von Einzel-Gängern.

Ich praktiziere den Alleingang seit Jahren; zum Befremden, manchmal sogar bis hin zum Beleidigtsein meiner Freunde. Sie fühlen sich zurückgestoßen, wenn ich ohne sie losziehen möchte.

Es gab einmal Zeiten, in denen man offensichtlich ganz gern allein unterwegs war. Wunderschöne Gedichte der Romantik zeugen davon. Märchen und Sagen erzählen von Vagabunden und Vaganten, vogelfrei und allein des Weges. Volkslieder von umherziehenden Handwerksburschen besingen den einsamen Wandersmann; allerdings kaum je die einsame Wandersfrau. Den Aufbruch eines frühreifen Weltenbummlers lernten wir mit »Hänschen klein« kennen, den Aufbruch eines anderen mit »Muß i denn zum Städtele hinaus«. Allein aufzubrechen ins Unbekannte und Abenteuerliche muss in vergangenen Zeiten ein Vergnügen von hohem Grad gewesen sein. Es versprach, was es auch heute noch verspricht, wenn man sich ihm nur aussetzen würde: ein Gefühl von Freiheit für Gedanken und Emotionen.

Diese Freuden haben offenbar ihren Reiz verloren. Jetzt wandert man im Pulk.

Nordic-Walking-Gruppen inserieren in der Zeitung und suchen Mit-Walker, um die Gruppe zu vergrößern. Jogger sollen, so sagen die Mediziner, so langsam laufen, dass sie sich dabei noch unterhalten können; ein Ratschlag, der überhaupt nicht mehr vom Einzelläufer ausgeht und der einen Solo-Jogger, wenn er den gesunden Dialog während des Laufens pflegen soll, zum befremdenden Führen von Selbstgesprächen verurteilt. Zusammengehörende Rudel von Wanderern, im Verein erkennbar an gleichen Abzeichen, Hüten und Wimpeln, verstopfen Höhenwege und Hüttentoiletten. Und nicht enden wollende Wallfahrerprozessionen gefährden sich und andere auf Landstraßen.

Wie anders da der alte Geheimrat: »Ich ging im Walde/So für mich hin,/Und nichts zu suchen,/Das war mein Sinn«, beginnt Goethe sein bekanntes Gedicht.

»So für mich hin« ist eine Glücksformel. Es ist ein Schlüsselhalbsatz, der es in sich hat.

Ich gehe mehrmals wöchentlich durch einen großen, meist menschenleeren Schlosspark eine knappe Stunde lang so für mich hin. Es ist der Park der Einzelgänger: keine Radfahrer, wenige Jogger, kaum Mütter mit Kinderwagen. Hunde müssen an die Leine, was ihre Zahl beschränkt, Räder dürfen nicht einmal geschoben werden. Lautstarke Großfamilien, Sonnenanbeter, Scharen mit Picknickkörben, Musikanten, Ballspieler und lebenslustige Jugendgruppen meiden folglich diesen Park. Liebespaare suchen ihn nur auf, wenn sie von den ihnen Angetrauten nicht erwischt werden wollen. Sie kennzeichnen sich dadurch, dass sie das Halten ihrer Hände sein lassen, wenn sie einem Passanten begegnen.

Es ist nicht nur der Park der Einzel-, sondern auch der Müßiggänger. Wenige eilen hier. Das Staccato der Nordic-Walking-Stöcke, das nervende Trippeln kurzer Schrittfolgen auf Kies, der Stechschritt der Hurtigen, das Preschen der Ruhelosen und das Hecheln der Jogger hört man selten. Schlendern und Flanieren sind angesagt. Begegnet man sich, schaut man den Eindringling in die scheinbare Privatsphäre dieses scheinbaren Privatparks eher mürrisch an, wenn überhaupt. Allerdings mischt sich nicht selten ein winziges Glimmen in die Augenwinkel. Da erkennt ein Connaisseur den anderen, der wie man selbst in diesem Wiesen- und Waldparadies nur »so für sich hin« gehen möchte.

Ich gehe am liebsten bei Regen, werktags, über Mittag. Dann gehört der Park mir. Wurde er kurzfristig für die Allgemeinheit gesperrt? Bin ich eine der Prinzessinnen, die diese Gefilde einst bevölkerten?

Königlich ist die Freude jedenfalls, die mich hier überkommt: Die Weite, die Stille, die Exklusivität schaffen einen Schonraum sowohl für Gedanken als auch fürs Nichtdenken. Die schweigende, gleichmäßig ruhige Bewegung tut ein Übriges. Nachdenklich oder ganz im Gegenteil gedankenverloren einen Fuß vor den anderen zu setzen, dieses entrückte Gehen wie in Hypnose kann nicht klappen, wenn sich jemand an meine Seite gesellt.

Es gibt Tage, da finde ich mich unversehens, wie mir scheint, wieder an der Eingangspforte. Wo ist die Stunde geblieben? Ich muss in Trance gewandelt sein, eine Nachtwandlerin zu verschobener Tageszeit. Dann gibt es wieder Spaziergänge, bei denen mir endlich die ideale Tischordnung für meine nächste Einladung einfällt oder die lange gesuchte, freche Formulierung für einen Beschwerdebrief. Während mancher Runden, die ich dort drehe, kann ich eine Stunde lang einen Ohrwurm nicht abschalten und singe eine Melodie ein ums andere Mal lautlos mit, im Takt der Schritte. Und es gibt Streifzüge, bei denen sich, ganz ohne Anlass, Erinnerungen und Durchblicke in gläserner Klarheit aufdrängen. Dann können danach zu Hause Entschlüsse gefasst und Pläne gemacht werden.

Archimedes erlangte seine Erkenntnis bekanntlich in der Badewanne. Paul McCartney komponierte das Lied »Yesterday« im Schlaf. Der Chemiker Friedrich August Kekulé träumte Ende des 19. Jahrhunderts seine bahnbrechende organische Chemie-Formel. Wann immer einem dieser oder jener gute Gedanke kommt – man ist dabei fast ausnahmslos allein. Das Alleingehen ist also keine schlechte Voraussetzung für ein paar kleine, neue Geistesblitze. Selbst wenn sie sich nur auf die passende Anrede in einem Liebesbrief beziehen oder die ultimative Grußform für einen Abschied.

Die Welt meines Parks ist nie langweilig oder eintönig:

Mal riecht eine Wiese nach den Schnittkanten frisch gemähter Gräser. Mal brennt die Sonne dermaßen auf die wenigen schattenlosen Stellen, dass alle Farbe daraus verschwindet. Mal entdecke ich eine Astgabel im Goldenen Schnitt. Mal steht ein Reh wenige Meter seitwärts im Unterholz und schaut fluchtbereit, bleibt aber und äst weiter. Mal höre ich das bedrohlich kraftvolle Heulen der Luftströme an den Schwingen der Schwäne, wenn sie in Formation über mich hinwegrauschen. Mal sehe ich die seit Jahren eingeschlagene Abzweigung erst im letzten Moment, weil der Novembernebel so dicht geworden ist. Mal knirscht der Schnee unter den Schuhen ganz seltsam.

Gerade bei düsterem Wetter oder in der Dämmerung, bei aufziehendem Sturm oder im fahlen Zwielicht werden die Wege, die ich allein gehe, zu Wegen, die mich in tiefere Gründe führen. Aber keineswegs in Abgründe.

Traurigkeiten werden bedacht und verlieren ihren Schrecken. Jegliches Ende zeigt sich in versöhnlicherem Licht. Alltägliche Kämpfe entbehren plötzlich der Schärfe. Abschiede, die im Leben nun mal nicht zu umgehen sind, scheinen nicht mehr so herzzerreißend zu sein, wo doch jeder Schritt bei einem solchen Spaziergang ein Abschied vom vorigen Schritt ist.

Und zu Hause warten schließlich trockene Schuhe und ein Kaminfeuer. Diese Aussichten, gekoppelt an die Unwirtlichkeit eines Spaziergangs in düsterer Atmosphäre, relativieren dann sehr schnell die Düsternis, die der einsame Mensch sich so gern einredet.

Manfred Hausmann hat das in seinem Gedicht »Weg in die Dämmerung« so empfunden:

Bald will's Abend sein.
Stumm steht das Geheg.
Und ich geh' allein
Den verschneiten Weg,
...
Reif erknirscht und Schnee
Unter meinem Schuh.
Weg, auf dem ich steh',
Dir gehör ich zu!

Wer des Lichts begehrt,
Muß ins Dunkel gehn.
Was das Grauen mehrt,
Läßt das Heil erstehn.

Wo kein Sinn mehr mißt,
Waltet erst der Sinn.
Wo kein Weg mehr ist,
Ist des Wegs Beginn.

Wenn ich von tieferen Gründen, Erkenntnissen und dergleichen genug habe und es mir mehr nach dem Beobachten von Menschen ist, gehe ich auch manchmal in belebte Grünanlagen. Wer allein und dadurch notgedrungen schweigend zu Fuß unterwegs ist, dem fällt bald auf, dass da und dort die Fetzen fliegen, die Gesprächsfetzen.

Spaziergänger nämlich, sobald sie zu zweit sind, tun vor allem eins: Sie reden und reden.

Wenn man nun so einem palavernden Passantenpaar begegnet, bekommt man natürlich nur Bruchstücke einer Unterhaltung mit, in diesen zwei, drei Sekunden, die man braucht, um aneinander vorbeizugehen. Es sind merkwürdige Details, aus denen sich einen Reim zu machen das kurzfristig amüsante Spiel für einen Einzelgänger ist. Es gibt zusammenhanglose Horrorstorys oder den zaghaften Beginn eines Flirts, knappe Schlagworte eines saftigen Streits oder unvollendete Symphonien von Klatschgeschichten. Die meisten Satzfragmente lauten: »hat er gesagt« und »hat sie gesagt«.

Als vorübergehender Weggenosse, aber ausgeschlossener Gesprächspartner ist man aufgeschmissen und kann nur versuchen, sich einen Vers darauf zu machen und sich die Fortsetzung zusammenzureimen.

Schwieriger wird dieser Zeitvertreib, wenn zwei Jogger entgegenkommen oder überholen. Naturgemäß ist die Aufnahmezeit ihres bruchstückhaften Dialogs verkürzt. Meine kreative Aufgabe dabei ist es, Vorgeschichten zu ergründen, die Handlung fortzuführen, zu phantasieren und zu spintisieren. Und da soll ein Spaziergang ohne Begleitung langweilig sein?

Ich persönlich bin gegen schnelles Gehen. Außer dem Schlendern erlaube ich mir noch das Stromern – möglichst in unbekanntem Gelände. Ziel brauche ich keines, Wege auch nicht unbedingt. Mit vorgeschobenem Kopf und sozusagen aufgestellten Ohren, die Nasenflügel weit gemacht und die Augen beobachtend, ziehe ich gern durch tiefe Wälder meine Spur, knapp vor der Mutation zum Wolf, natürlich zum bekannten »Einsamen Wolf«. Ich habe mich dabei schon elend verlaufen, und folglich sind diese Unternehmungen auch immer ein bisschen unheimlich.

Das sind dann Wege beziehungsweise weglose Wanderungen, die weniger zum Nachdenken taugen als zum Gegenteil – auch das ein höllisches Vergnügen, das nur allein wahrlich wirkungsvoll ist. Da muss ich aufpassen, bin hellhörig und etwas aufgeregt. Wo ist jetzt gleich wieder Westen? War da was? Ein Geräusch? Eine Bewegung? Was kommt nach der nächsten Biegung? Hinter dem nächsten Hügelkamm?

Die Freiheit des Umherschweifens lässt kein Abschweifen der Gedanken zu, vor allem im Gebirge. Da ist nicht die Selbstverlorenheit wie beim leichten Lustwandeln angesagt, sondern eher ein Stückchen Selbstfindung bei der Bewältigung fremder Wege. Und ich muss, je schwieriger das Gelände wird, mich von Meter zu Meter sichern und von Stunde zu Stunde retten. Die Konzentration auf die nähere und weitere Umgebung, auf die Wurzel am Boden und auf die Windrichtung in den Baumwipfeln verlangt Wachsamkeit. Und sie verlangt nicht unbedingt nach der Ablenkung durch einen Wegbegleiter.

Auf sich allein gestellt fühlt der einsame Wanderer nicht »nur die Hälfte« aller Eindrücke auf sich eindringen (beliebtes Argument der Einsamkeitsgegner: »Aber dann hat man ja niemanden neben sich, mit dem man die Eindrücke teilen kann«; und sie meinen nicht: halbieren), sondern man setzt sich vielmehr der doppelten Intensität von Wahrnehmungen aus. Geballt und pur werden die Empfindungen, fast gewalttätig; gerade, weil man sie nicht teilt und mitteilt, sondern sie unverwässert mit ihren Schrecken oder ihrem Glück spürt.

Was soll so anheimelnd sein an Sätzen wie: »Schau, ein Reh!« oder »Jetzt fängt's auch noch an zu regnen.«?

Übrigens der Regen. Drei bis vier Stunden, bevor der Regen kommt, hängen die Äste tiefer. Und der Geruch des Waldes wird intensiver. Bei Regen oder nach einem Regen durch einen Wald zu gehen, ist ein spannendes Erlebnis für jemanden, der sich dort allein herumtreibt.

Es wäre der günstigste Augenblick für einen Überfall. Denn es ist laut im Wald nach Regen. Kleine Bäche, sonst nur feuchte Rinnen, kommen lärmend die Böschung herunter. Jeder hat seine eigene Phonzahl. Das Tropfen von den Bäumen, besonders wenn Wind die Zweige bewegt, klingt wie Schritte auf Kies. Wer nach einem Regen allein durch den Wald geht, schaut sich fortwährend um. Es wäre aber besser, man blickte nach vorn, weil jetzt die Zweige schwer vom Wasser sind und tiefer herabhängen als sonst. Während man bei Trockenheit ungeschoren den gewohnten Weg geht, hat man nun alle paar Schritte einen klatschnassen Blätterhieb im Gesicht.

Und zum Wald gehört der Wind. Nordwind klingt anders als Fön. Seine Stimmlagen hört man am besten, wenn niemand für eine so genannte Unterhaltung da ist, wenn keine Worte gewechselt werden und man den Schritt anhalten kann, wann immer einem danach ist. Selbst ein stiller Wald macht fortwährend ein verhaltenes Geräusch. Ein wenig Wind genügt schon. Die Böen rauschen in den schwer hängenden Ästen der Nadelbäume, noch bevor sie einen selbst erreichen. Sie kündigen sich immer an. Anschwellen, Abschwellen, Verstummen. Und wieder von vorn.

»Die Luft ging durch die Felder,
Die Ähren wogten sacht,
Es rauschten leis die Wälder,
So sternklar war die Nacht.«

Joseph von Eichendorff, immer gern allein unterwegs, hat es ebenfalls gehört und in seinem berühmten Gedicht »Mondnacht« zu Beginn des 19. Jahrhunderts beschrieben.

Zum Wald gehört auch das Wild. Wo ich es vermute, trete ich leiser auf und bleibe ein paar Mal ruckartig stehen, um ein eventuelles Geräusch zu hören, das vielleicht nicht so schnell vermieden werden kann; hinter mir oder querab. Bewegung im Wald sieht man nur, wenn man selbst ganz still hält. Wer sich bewegt oder auch nur den Kopf dreht, ist ein Blinder, der leicht überrascht werden kann. Und sei es bloß vom Wild, das seitlich vor einem steht und verharrt. Man erschrickt immer, wenn das Tier dann plötzlich beschließt zu fliehen; mit übertriebenen Sprüngen, mit Knacken und Rascheln und Brechen, das schnell wieder erstirbt. Wer da gleich weitergeht, wird nie sehen, wo der Flüchter stehen geblieben ist und seinerseits wartet.

Ein begnadeter Alleingänger scheint übrigens Peter Handke zu sein. Er empfiehlt das Gehen als medizinischen Königsweg gegen Depressionen. Er hat es im Selbstversuch herausgefunden und kann es nur empfehlen.

Von November 1987 bis Juli 1990 ist der Schriftsteller durch die Welt gezogen, fast immer allein, oft zu Fuß, mit leichtem Gepäck. Am schwersten wogen die Bücher im Rucksack. Unterwegs entstanden Rückschlüsse und Entschlüsse. Und neue Bücher. Im vorerst letzten Reisejournal »Gestern unterwegs«, 2005 erschienen, schildert der Einzel-Gänger seine Reise und seine Befindlichkeit:

»... und jetzt sitze ich bald schon zwei Stunden im jardinillo von Alcázar, ganz hinten, beim letzten Baum, und spüre mich immer reiner werden ... allein vom Sitzen, Schauen, Bedenken,

Zurück- und Vordenken – Freudigkeit, Stille, Durchlässigkeit, Schwäche – wie es mein Ideal ist …«, schreibt er in sein Notizbuch.

Glückliche Einsame kennen das. So, wie das scheue Kind, der verängstigte Hund oder der schreckhafte Sperling sich erst nähern, wenn man ruhig ist und vielleicht mit einer herabhängenden Hand oder einem regungslos hingehaltenen Leckerbissen nichts weiter tut, als abzuwarten – so ist diese Art gleichgültiges Warten eine gute Basis, mit der Welt in einen Gleichklang zu geraten.

Beim Alleingehen und beim Ausruhen davon: Man fühlt das Vergehen des Drangs zu irgendeiner Aktivität, zu Wunsch oder Pflicht. Man wird leerer, anfälliger, auch schwächer, wie Handke schreibt. Eine durch nichts verdorbene Reinheit öffnet die Poren für den leisesten Windhauch. Die Nervenenden sind aufgestellt. Die Sinne werden immer aufnahmebereiter. Das Herz weitet sich für jede Anmutung. Nun kann die Welt eindringen.

Und sie tut es. Sie prescht daher und stürmt auf den ein, der allein des Weges ist, arglos, hellwach und empfänglich. Sie kommt mit fliegenden Fahnen und Donnergetöse. Zum Glück sieht man jedoch keine Flaggen und hört keinen Lärm. Denn es ist nur die starke und intensive Eigentlichkeit, mit der Gegenwart und Wirklichkeit auf den Einzelgänger eindringen. Er fühlt sich dabei lebendig und gut. Und Gegenwart und Wirklichkeit fühlen sich gut an.

Auf geht's also! Wer einsam ist, sollte sich auf die Beine machen.

Am Ende dieses Kapitels über das Gehen der Einsamen sei noch das überaus bekannte Gedicht »Herbsttag« von Rainer Maria Rilke erwähnt. Es ist so populär (und dennoch wunderschön), dass es jedem Einsamkeits-Freak bis zum Überdruss ins Poesiealbum geschrieben oder im Gespräch um die Ohren gehauen wird. In diesem Poem kommt ein Wort vor, bei dem ich mit dem ansonsten so verehrten Rilke nicht übereinstimme. Die letzte Strophe lautet nämlich:

»Wer jetzt kein Haus hat, baut sich keines mehr.
Wer jetzt allein ist, wird es lange bleiben,
wird wachen, lesen, lange Briefe schreiben
und wird in den Alleen hin und her
unruhig wandern, wenn die Blätter treiben.«

Was hat er sich wohl gedacht, der bekennende Einzelgänger, als er das Wort »unruhig« benutzte? Er hat es doch sicher nicht gebraucht, weil die Silbenzahl sonst nicht ausgereicht hätte und er aus dem Rhythmus gekommen wäre.

Ich sehe die Situation anders, wenn auch nur in einer sehr subjektiven Sicht spätherbstlichen Wanderns in Alleen:

Wenn schon ein Alleinstehender gegen Ende des Jahres nicht mehr den Ärger mit Handwerkern, Baubehörden und halbfertigem Rohbau haben muss, wenn er stattdessen gemütlich zu Hause schmökern darf, wenn er mit Muße und einer Flasche Romanée-Conti endlich mal herrlich lange Briefe schreiben kann, dann wird er doch ganz sicherlich nicht »unruhig«, sondern in aller Gemütsruhe in den Alleen hin- und herwandern.

Und wenn die Blätter treiben, wird er sich höchstens nach der ein oder anderen herabgefallenen Kastanie bücken.

Die persönliche Geschwindigkeit
Der Einsame und die Zeit

Einzelgänger hassen es, gedrängt zu werden. Sie haben einen persönlichen Rhythmus entwickelt. Ihre Geschwindigkeit, häufig eine gewisse Langsamkeit, ist ihnen heilig. Sie nennen es Gelassenheit, Drängler nennen es Trödelei.

Natürlich weiß auch der Individualist, dass er sich anpassen muss, wenn höhere Gewalt oder andere Menschen (für ihn auch eine Art höherer Gewalt) ihn zu einer Abweichung von seinem eigenen Takt zwingen:

Zieht der Viehtreck weiter, muss sein Pferd gesattelt sein. Will man die U-Bahn erreichen, sollte man einen Schritt zulegen. Das Heu gehört vor dem Unwetter in die Scheune. Auf der Bergtour bestimmt der Schwächste das Tempo. Den Abgabetermin für das Buchmanuskript wird man wohl einhalten müssen. Und wenn der Einzelgänger ein Gipsbein hat, kommt er sowieso nur langsam voran. Das alles sieht sogar der selbstbezogenste Solipsist ein. Er ist zwar verschroben, aber nicht blöd.

Ansonsten jedoch suhlen sich Alleinlebende in ihrer persönlichen Geschwindigkeit. Welche Wohltat, wenn niemand drängt:

»Wo bleibst du denn so lange?«

»Nun mach mal zu, Mensch!«

»Heute noch?«

»Bisschen dalli!«

»Wird's bald?«

»Dauert das noch lange?«

»Zack, zack!«

»Geht's voran?«

Und, ganz schlimm für überzufällig oft einsam lebende Autoren: »Auf welcher Seite bist du denn schon?«

Wer sich da gehetzt oder getrieben fühlt, neigt zu extremen Reaktionen. Druck erzeugt hier Gegendruck. Und der Langsame, der auf Trab gebracht werden soll, wird seine Bedächtigkeit umgehend in Richtung Zeitlupe gerinnen lassen. Das aber kann dann plötzlich ungewöhnlich schnell gehen.

Wer allein ist, darf trödeln und bummeln, so viel er will und so lange es sich mit seinen übrigen Bedürfnissen verträgt, mit seinen Aufgaben und seinen Verpflichtungen.

Einsame dürfen stundenlang am Fenster stehen und sinnentleert auf die leere Straße glotzen; niemand wird sie aus der Tiefe des Raumes in die gute Stube zurückholen wollen: »Jetzt komm doch endlich und spiel mit uns Skat.«

Sie dürfen ohne Zweck und Ziel in alten Fotoalben blättern. Wenn auch ohne Zielsetzung, so kann eine solche Tour in die Vergangenheit oft Erkenntnisse zeitigen, für die andere Leute ein paar Jahre Psychoanalyse brauchen.

Sie dürfen ausgiebig und ohne Scham in den Vergrößerungsspiegel im Badezimmer schauen und zu klugen Einsichten über das Altern gelangen.

Sie dürfen ganze Sonntage lang darüber brüten, ob ein bestimmtes Gemälde vielleicht an einer anderen Wand der Wohnung besser zur Geltung käme, und überprüfen ihre Entscheidung im Laufe des Tages abhängig vom jeweiligen Sonnenstand. Das dauert.

Trödeln? Bummeln? Sinnloses Verplempern der Zeit?

Lassen Sie sich nicht beirren. Sinn- und Zwecklosigkeit zu gegebener Zeit zeugen von Selbstbestimmung und Souveränität. Und Langeweile hat schon Großes hervorgebracht. Sie ist die eigentliche Basis für schöpferische Durchbrüche.

Ich habe mir ein paar Refugien meines höchstpersönlichen Lebensrhythmus erhalten:

Ich esse gern gemächlich und genieße jeden Bissen, vor allem, wenn ich allein speise. Aber ich füge mich auch gesellschaftlichen Normen. Um nicht der Schrecken jeder Gastgeberin zu sein, die ihr Fünfgängemenü minutiös getimt hat, löffle ich dort meine Suppe in einer – für mich zumindest – rasenden Geschwindigkeit. Verbrannte Zunge und nicht zu Ende erzählte Geschichten sind leider oft die Folgen.

Ich gehe auch nicht im Schnellschritt spazieren. Gesellt sich jemand an meine Seite, der »tüchtig voranschreiten« möchte, tut er das alsbald allein. Man trifft sich später in aller Freundschaft in der Ausflugsgaststätte, in der dann der flotte Wandergeselle schon »seit Stunden« sowie beim vierten Bier sitzt.

Auch auf meiner Alm, meinem Refugium, bin ich zur Langsamkeit gezwungen. Alles dauert dort und zieht sich und zieht sich: Vom Wasserholen über das Feuermachen bis zum Genuss einer Tasse Tee vergehen Ewigkeiten. Aber davon später mehr.

Feind eines Herrn seiner Zeit respektive einer Frau ihrer Zeit ist gemeinhin der nervöse Wichtigtuer, der offenbar immer noch Dringlicheres zu erledigen hat.

Hektische Störenfriede reißen an der Supermarktkasse ihre Einkäufe der Kassiererin aus der Hand, kaum dass diese die Posten erfasst hat. Fix, aber kopflos stopfen sie ihre Tüte voll und rennen mit den unter dem Brotlaib zerdrückten Himbeeren die Rolltreppen bergauf.

Auch am Telefon gibt es Quäler. Sie sprechen so gehetzt, als säßen sie neben einem tickenden Zeitzünder. Sie nötigen dem Gesprächspartner ihr Tempo auf, bis sogar die Gefestigtsten sich auf das rasende Idiom einzustellen gezwungen sehen und wieder mal nicht dazu kommen, um die Gehaltserhöhung zu bitten.

Andere Tempo-Sünder, denen der ungezwungene Zeitdrucklose ausgesetzt ist:

– Der Kellner im überfüllten Lokal, der den Tisch für die nächsten Gäste und das nächste Trinkgeld frei bekommen möchte und die Rechnung am liebsten gleich nach der Suppe bringen würde.

– Verkäufer und Werbeleute, die nicht müde werden, die Vorteile von Schnell-Gängen anzupreisen: mit *power induction* beim Aufheizen des Herdes, beim Hochfahren des Laptops, mit rabiaten Spülgängen in der entsprechenden Maschine, beim Handy, beim Schleudergang der Waschmaschine, beim Anzugsmoment des Autos, beim Aufbau der Internet-Verbindungen, beim umgehenden Servieren und zum Herunterschlingen nötigenden Konsumieren der Nahrung, ehrlicherweise Fast-Food genannt, beim Abtauen des Kühlschranks oder beim Einsparen von eineinhalb Minuten im Skilift.

— Rasende Radler, die bei Gelb losstrampeln, dass der Fahrtwind nur so um ihre kleidsamen Helme heult.

— Die Bedienung, die in der Kneipe fragt, was man trinken möchte, noch bevor man sich fürs Essen und natürlich erst dann für das dazu passende Getränk entschieden hat.

Einmal lehnte sich ein Pariser Taxifahrer aus dem Fenster und brüllte einen Schweizer an, der nicht schnell genug losfuhr, als die Ampel auf Grün wechselte: »Alors, Guillaume Tell, t'attends, qu'elle mûrisse?« (Sehr frei übersetzt: »Mannomann, Wilhelm Tell, wartest du, bis der Apfel reif ist oder was?«)

Einem solchen Drängler verzeiht man natürlich alles!

Wer viel mit anderen zu tun hat, ist Zeitdruck gewöhnt.

Da steht der eine mit penetrant klimperndem Schlüsselbund in der geöffneten Haustür, während die andere vielleicht doch noch die Handtasche wechseln möchte.

Da weiß man die Kinder vor dem Schultor warten und erinnert sich an den Polizeibericht, der wartende Kinder vor Schultoren als gefährdet bezeichnet.

Da verpasst man das Tennismatch und verplempert die Platzmiete, weil man im Stau steckt. Übrigens einer der Gründe, warum sportliche Einzelgänger weniger zu Wettkampf- oder Mannschaftssport neigen. Sie ziehen lieber ihre einsamen Bahnen im Schwimmbecken oder versenken sich schweigend in fernöstliche Meditationsbewegungen. Als Sportkameraden lassen einige gerade noch ihr Pferd zu.

Wer es geschafft hat, sich in Zeitfragen nicht von außen unter Druck setzen zu lassen, hat oft ein phänomenales Gespür für den richtigen Augenblick entwickelt. Schauen wir uns diese Leute einmal näher an. Es sind vor allem die Einsamen, die so gut nach innen horchen können. Sie verachten nicht nur den pressanten Einfluss ihrer Mitmenschen, sondern auch das Diktat von Uhren und kultivieren stattdessen ein instinktives Zeitgefühl.

Der geübte Selbstfinder schärft sein Gehör für das Ticken seiner inneren Uhr. Er entwickelt Gefühl für seinen circadianen Biorhythmus und nimmt seine Medizin nur noch zu Hoch-Zeiten. Sein Sexualleben stimmt er darauf ab. Sein Golfspiel sowieso.

Ein Zeit-Weiser spürt also, wann der Augenblick gekommen ist:

»Aus den Wolken muss es fallen/Aus der Götter Schoß, das Glück,/Und der mächtigste von allen/Herrschern ist der Augenblick«, meinte Schiller.

Aber auch jüngere Zeit-Genossen kannten den Trick. Der Dichter und Kaffeehaus-Freak Peter Altenberg empfahl: »Carpe horam, pflücke die dir irgendwie ergiebige Stunde.« Und sein Landsmann Thomas Bernhard, einer der ganz großen beharrlichen Einsamen, hat auch »bald die Fähigkeit besessen, diesen geeigneten, noch besser, geeignetsten Zeitpunkt herauszufinden und zu bestimmen«.

Ja, aber wie bloß?

Ein Souverän seiner Zeit, weder unschlüssig noch übereilt, weder Zauderer noch Vorprescher, hält inne und lauscht – was nur klappt, wenn man allein ist. Zwischen Konzentration und Entspanntheit schwebt seine Aufmerksamkeit frei herum, pendelnd und flexibel wie Seegras. Der Profi lässt sich tragen von seinen Gezeiten und erzwingt nichts. Er reitet Höhen und Tiefen aus wie der Surfer, bevor er sich auf dem Brett aufrichtet – wie der Zen-Schütze, der immer wieder seinen Bogen hebt, zielt und ihn sinken lässt, bevor er, vielleicht im dritten Jahr, den Pfeil abschickt.

Bei Künstlern und Forschern ist das die Inkubationszeit vor der Intuition. Sie wird oft mit Müßiggang verwechselt.

Vieles mag also vorangegangen sein an Wunsch und Planung. Alles mag zusammentreffen an Dringlichkeit, Angebot und Nachfrage. Auch der Rest mag stimmen: Laune, Wetter und Stand der Sterne. Alle Zeichen stehen auf Grün.

Was ist dann noch?

Nichts weiter. Nur der falsche Moment. Die Zeit ist noch nicht reif. Und wir in ihr. Wie die Kirsche, die noch am Vortag nicht schmeckt.

»Einer jeden Sache ist ihre Zeit bestimmt, und alle Geschäfte unter dem Himmel haben ihren Augenblick«, besänftigte schon vor fast dreitausend Jahren König Salomo die Ungeduldigen.

Dann aber gibt es irgendwann, ohne Vorwarnung, Tusch oder Veränderung der Atmosphäre ein »Jetzt«. Der Einzelgänger spürt es bis ins Innerste.

Der Schnittpunkt aus Zukunft und Vergangenheit ist erreicht, diese unverschämt gnadenlose Gegenwartssekunde, die wir erstens bemerken und zweitens auch noch nutzen sollen; der Fokus, in dem plötzlich alles deckungsgleich und zum Punkt verdichtet wird. Schnittpunkt, Kulminationspunkt, Brennpunkt: *ignition!*

Jetzt feure sie ab, Amor, deine Pfeile. Lass die Hunde deiner Leidenschaft los. Schicke deine Forderungen auf den Weg. Und öffne die Tore deiner Boxen, Rodeo-Ritter deines Glücks. Dein Augenblick ist gekommen.

Und dann ist er auch schon vorbei. Ein bisschen atemlos bleiben wir allein zurück. Wir haben eine Sternstunde wahrgenommen, eine Schicksalsstunde genutzt. Wir sind die Geschwister von Hellseher und Prophet. Freilich nur die kleinen. Dafür aber die glücklicheren.

Wie war er, dieser entscheidende Moment? Was ist er?

Er ist nichts. Seinen Zauber entfaltet er bloß, wenn er erkannt wird. Also sollten wir uns nicht ablenken lassen vom Tohuwabohu der Geselligkeiten. Seine Gunst erweist sich nur dem, der ihn zu nutzen weiß. Also müssen wir aufmerksam bleiben und unbeirrt vom Tumult der Welt. Wie eine Diva will er geschätzt und hofiert sein. Also weg mit dem Teufelszeug der fortwährenden Zerstreuung und hingehört auf das Ticken der inneren Uhr und das leise Murmeln unserer inneren Stimme.

Nur dann zeigt sich der rechte Augenblick. Meistens übrigens dankbar.

Innere Uhr und innere Stimme spielten auch eine Rolle bei einem weithin bekannten Experiment des Max-Planck-Instituts für Verhaltenspsychologie in Andechs bei München. Man steckte dazu 447 Freiwillige für jeweils vier Wochen in den so genannten »Andechser Bunker«. Ziel der Untersuchung war die Erforschung biologischer Rhythmen, die so genannte Chronobiologie. Viel Wissenswertes kam dabei heraus. Mich aber ließ ein ziemlich unbeachteter Nebeneffekt aufhorchen:

Die unterirdischen Räume waren bequem und behaglich eingerichtet, wenn auch ohne Tageslicht, Uhr, Radio, Fernsehen, Kontakt nach außen, zu anderen Versuchspersonen oder zu den Versuchsleitern (die Mahlzeiten wurden in Fächern an den Türen hinterlegt). Man konnte essen, arbeiten, schlafen, lesen, singen, nichts tun oder in der Nase bohren, wann immer man wollte und so lange man wollte. Es drängte kein Termin, es warteten keine Freunde, kein Partner heischte Auskunft darüber, wo man denn so lange gewesen sei, keine Familie forderte »mehr Zeit für die Familie«.

Es herrschte die totale Isolation. Es regierten Zeitlosigkeit und Einsamkeit.

Und dann kam das verblüffende Nebenergebnis für die Wissenschaftler der Chronobiologie:

Das Bunkerleben im zeitlosen Raum hatte den Leuten den Druck ihres Alltags genommen. Sie fühlten sich von Tag zu Tag wohler. Niemand langweilte sich. Keiner wurde depressiv. Die Versuchspersonen blühten auf. Sie fanden zu einer nie vorher gekannten inneren Ruhe. Und die Psychologen staunten nicht schlecht, als manche ihrer Schützlinge gar nicht mehr ins normale Leben zurückkehren wollten. Eine spätere Nachuntersuchung ergab: »Die Sehnsucht nach der Ruhe und der Konzentration, die dort herrschten, war groß!«

Ich jedenfalls suche meinen höchstpersönlichen Andechser Bunker so oft wie möglich auf. Mein Bunker sieht allerdings nicht wie ein Bunker aus, sondern wie das Gegenteil: Es ist meine uralte hölzerne Almhütte. Und sie ist nicht unterirdisch, sondern überirdisch – wenn das Wortspiel erlaubt ist.

Das Paradies
auf 1400 Meter Höhe

Meine Alm ist meine Kraftquelle. Ich suche sie auf, so oft ich kann. Und obwohl die Fahrt mit dem Jeep beinahe zwei Stunden dauert, mache ich mich manchmal spontan auf den Weg, nur um den Nachmittag und den Abend dort droben zu verbringen und nachts in die Stadt zurückzukehren.

Die paar Stunden auf der einsamen Höhe reichen für eine Woche aus. Sie dopen mich, stärken mich, impfen mich mit guter Laune und Arbeitswut, mit Freundlichkeit und leider immer auch mit neuer Sehnsucht, so bald wie möglich wieder hinaufzufahren. Es ist die fatale Kombination aus Fernweh und Heimweh, die mich auf meine Alm treibt. Kaum in der Stadt habe ich Sehnsucht nach der Hütte wie nach einem fernen Geliebten.

Einer meiner Lieblingsschriftsteller ist Knut Hamsun. Der politisch verirrte Nobelpreisträger und einfühlsame Beschreiber von gelungenen Einsamkeiten, schilderte 1894 in seiner Novelle »Pan« ein Dasein abseits der Gesellschaft in der Stille des Waldes. Ein paar Sätze schrieb ich mir ab und nagelte den Zettel an die Hüttenwand über meinem Bett:

»Am Abend, wenn ich nach der Jagd wieder zur Hütte heimkam, konnte mich oft ein wohliges Gefühl der Geborgenheit von oben bis unten durchrieseln, ja mein Inneres in wohltuende Erschütterungen versetzen …

… während ich die Pfeife anzündete und mich für eine Weile auf die Pritsche legte und auf das tote Sausen des Waldes lauschte. Es war ein schwacher Zug in der Luft, der Wind stand von den Bergen kommend auf der Hütte … sonst war alles still …

… und ich sprang nach diesen drei, vier Stunden Schlaf auf, ausgeruht und voller Freude über alles, alles. So verging manche Nacht …

… Es kann regnen und stürmen, nicht darauf kommt es an, oft kann sich an einem Regentag eine kleine Freude eines Menschen bemächtigen und ihn mit seinem Glück abseits treiben. Man stellt sich hin und sieht geradeaus, hin und wieder lacht man leise und blickt sich um. Woran denkt man? An eine klare Fensterscheibe, einen Sonnenstrahl, der durch die Fensterscheibe fällt, eine Aussicht auf einen kleinen Bach oder vielleicht an einen blauen Spalt am Himmel. Mehr braucht es nicht zu sein.«

Es gibt nur wenige Menschen, die ich bisher mitgenommen habe auf meine Alm. Es sind ausgesuchte Typen. Das muss nichts (oder nur sehr wenig) über meine Zuneigung zu ihnen aussagen. Aber es hat enorm viel damit zu tun, ob jemand Einsamkeit ertragen kann. Und da schrumpft ein Freundeskreis schnell auf zwei, drei Personen zusammen.

Am liebsten und fast immer fahre ich natürlich allein auf die Alm. Das ist der eigentliche Sinn der Sache.

Eine von mir heftig verehrte Autorin ist die inzwischen 70jährige Annie Proulx. Sie schrieb unter anderem »Schiffsmeldungen« und die wunderbare Kurzgeschichtensammlung »Weit draußen«. In einem Interview des Hamburger Abendblatts mit der Schriftstellerin, die in den letzten Jahren die meisten hochkarätigen Literaturpreise der Welt vom Pulitzerpreis bis zum National Book Award und anderen abkassierte und jetzt in den Bergen von Wyoming lebt, heißt es:

»Sie leben gern allein?«

»Oh ja.«

»Ohne Angst in dieser Einöde?«

»Ich habe ein Gewehr. Einige Frauen sind für das Alleinsein geschaffen. Ich gehöre dazu. Das habe ich erst mit weit über fünfzig gemerkt. Ich habe gern Besuch. Aber nur für kurze Zeit.«

Fragen dieser Art bleiben nicht aus und sich gleich. In den Rocky Mountains wie am Wilden Kaiser in Tirol:

»Hast du denn keine Angst so allein auf dem Berg?«

»Das muss doch schrecklich langweilig sein, so allein?«

»Was tust du denn dort oben den ganzen Tag?«

»Na ja, da kommst du sicher fleißig zum Schreiben!«

»Die Stille würde mich umbringen!«

Tja, liebe Großstädter, was soll ich sagen? In der Stille und aus Langeweile entstehen Ideen. Angst ist einem geborenen Einzelgänger auch eher fremd, hat er sich doch schon früh in seinem Leben damit arrangiert. Zum Schreiben komme ich dort seit Jahren überhaupt nicht – das erledige ich wieder zu Hause, nachdem ich voll von Einfällen und Formulierungen und Plänen ins Tal gefahren bin.

Und was ich den lieben langen Tag dort oben mache?

Nichts.

Ich sitze auf der Hausbank und schaue auf die Gipfel gegenüber und trinke Schnaps aus der Flasche und spiel mir eins auf der Mundharmonika.

Zugegeben, das war jetzt die knappe und ein bisschen freche Antwort, die ich dummen Fragestellern gern gebe. Und in großen Zügen stimmt sie auch.

In Wahrheit aber habe ich viel zu tun. Ich putze die Moosbrösel und Holzkrümel weg, die der Wind durch die alten Balken in die Stube geblasen hat. Ich pflücke mir drei Schlüsselblumen und vier Vergissmeinnicht von den Almwiesen für den Stubentisch. Millionen andere lasse ich draußen stehen. Sie bilden einen gelben und hellblauen Teppich über den halben Berghang hinunter. Ich hole Holz aus dem Schuppen und staple es für den Abend neben dem gemauerten Ofen auf. Ich versenke meinen Proviant im eiskalten Quellwasser des Brunnens vor der Hütte, nachdem ich den Trog innen von Moos und Schnecken befreit habe.

Ich baue mein Bett möglichst noch bei Tageslicht, weil ich dort oben nicht nur kein fließendes Wasser im Haus habe, sondern auch keinen Strom. Aber Kerzen, eine Petroleumlampe und ein Gaslicht tun es auch. Außerdem müssen der wilde Rosenstrauch an der Hüttenwand gestutzt und der Holunderbusch abgeerntet werden. Die Sense gehört mal wieder gedengelt und geschärft und ihrem Zweck zugeführt, denn das Gras wächst schnell. Die Kühe wollen begrüßt sein; sie nähern sich neugierig und heiß auf Abwechslung, sobald sie jemanden auf der Almhütte bemerken.

Dies nur als kleiner Auszug meiner Tätigkeiten.

Dann aber ist das Nötigste getan. Ich setze mich auf die Hausbank und schaue und denke, trinke einen Begrüßungsschluck Schnaps aus der Flasche und hole die Mundharmonika, manchmal auch die alte Ziehharmonika und spiel mir das Lied vom totalen Glück.

Niemand kann es hören. Es ist einsam und hoch droben.

Es gibt keine Zeitung, kein Fernsehen, kein Radio, kein Telefon. An die Stadt denke ich selten. Beinahe vergesse ich die Namen meiner Freunde. Vor allem vergesse ich sämtliche Sorgen, wo doch die Frage, wo ich den Wetzstein für die Sense hingelegt habe, ein dringlicheres Problem ist.

Die Sense gehört geschliffen. Die Sinne nicht. Sie haben hier oben in Einsamkeit und Stille an Schärfe zugenommen.

Es gibt viel zu sehen in den Bergen. Ich nehme das Fernglas zu Hilfe. Das Fernglas ist zuerst nichts als ein üblicher Ausrüstungsgegenstand für jemanden, der ins Gebirge fährt. Bald schon wird es zum Spielzeug. Einige Zeit später gewinnt man eine Art Lust daran. Das Glas beginnt unentbehrlich zu werden.

Mit dem Fernglas kann sich ein Einzelgänger weit entfernte Häuser drunten im Tal und fremde Leute zwischen diesen Häusern heranziehen, ohne selbst in Erscheinung treten zu müssen – viele Alleinlebende entwickeln sich zu fleißigen Menschenbetrachtern, zu Beobachtern und Horchern.

Wer in der Stadt dazu ein Fernglas benützt oder ein Richtmikrophon, ist eventuell ein Voyeur oder ein Kriminaler; und der Horcher an der Wand hört laut Sprichwort sowieso nur »seine eigene Schand'«.

In der Natur ist das anders.

Ich habe immer mal wieder notiert, was ich dort oben so sehe und höre:

Februar: »Heute verfolgte ich durchs Fernglas eine dunkle Katze, die sich behutsam im frischen Schnee bewegte, hangaufwärts. Die Beine waren eingesunken. Der Rumpf schob sich zusammen und streckte sich wieder und machte dabei leichte Windungen wie der einer großen schwarzen Raupe.«

März: »Lange habe ich in dieser Woche die Schneegrenze am gegenüber liegenden Berg überwacht. Sie wechselt immer wieder die Höhe. Sie zieht sich nach oben zurück und sinkt wieder nach Schneefall. Ein seltsam farbloses Gebiet. Lau überzuckert.«

Juni: »Oft meine ich, etwas zu entdecken, das vorher, ich könnte schwören, nicht da gewesen ist. Ruckartig reiße ich dann das Fernglas hoch, ohne das Objekt aus den Augen zu lassen. Das ist ein Tier, peitscht es mich auf, oder ein Mensch oder ein Liebespaar. Eine große, bewegliche Masse jedenfalls, die glaubt, nicht gesehen zu werden. Das Glas zeigt: Es ist ein Haselnussstrauch, der Jahre gebraucht haben dürfte, um zu dieser Größe anzuwachsen.«

Juli: »Gestern glaubte ich, das sei ein Mensch, der da oben bei den Fichten am gegenüber liegenden Berghang so still steht und reglos wie ich selbst das Tal beobachtet oder vielleicht auch mich. Ich hebe das Glas an. Es ist ein Baum, zweimal so groß wie ein Mann.«

Juli: »Meine Hände sind ganz zerschunden: Mücken, Sense und Dornen.«

September: »Oft schaue ich abends zu den erleuchteten Fenstern hoch gelegener Almhütten an fernen Berghängen hinüber. Lang werde ich diese Lichter heuer nicht mehr sehen. Die ersten Bauern beginnen mit dem Almabtrieb.«

September: »Wenn es Abend wird und sich die Landschaft schnell verfinstert, ist das Blau leider nur vorübergehend so schön. Es wird bald zu einem tristen Lila, und gleich darauf grau. Es dunkelt, und ich friere innerhalb von Minuten. Aber der Sternenhimmel ist so atemberaubend und nah wie in den Tropen und vertreibt jedes Frösteln.«

Januar: »Einmal, zurückschreckend wie vor einer verbotenen Tat, hob ich nachts das Fernglas noch weiter an, über die Schneefelder hinweg, die im Mondlicht leuchteten, und ich wagte den Absprung über die Grate und Kämme hinaus und hinein ins All. Dort fand ich das große Stück und griff es mir mit dem Glas, bis ich die Rundung des Mondes deckungsgleich im Rund der Optik hatte.«

So etwas schreibt man eben in der Einsamkeit. Wieder in der Stadt, lese ich dann meine Aufzeichnungen und finde sie auch noch gut. Oder mit anderen Worten: Mir tun sie gut wie das Lesen eines Liebesbriefes, der vielleicht schon ganz zerfleddert ist.

Aber nicht nur die Augen kriegen dort oben nicht genug. Es sind auch die Ohren. Sie nehmen so vieles auf, das ungehört bliebe, wenn neben mir jemand reden, lachen, fragen, die politische Lage erörtern oder die Namen von Bergen oder Sternbildern erklären würde.

Allein in der Stille, wie beruhigend?

Nicht unbedingt. Denn in der Stille können winzige Geräusche explosive Wirkung haben, und ein zarter Ton kann zum Donner anwachsen.

Die Ohren leiten in Lautlosigkeit und Einsamkeit sonst alltägliche Geräusche auf neuartige Weise weiter ans Gehirn.

Mein altes Holzhaus zum Beispiel liegt da wie ein schlafendes Tier, das ruhig atmet. Wer genau hin hört, kann es schnaufen hören.

Eine stille Nacht auf dem Berg wurde einmal, als der Wind entsprechend stand, zerschnitten vom Röhren eines Mopeds im weit entfernten Dorf.

Das Ticken der Wanduhr ist abends so laut und am Morgen ganz behutsam.

Nach dem Prasseln im Ofen: Stille. Später fällt polternd noch ein Scheit in sich zusammen.

Eine Kuh bewegt sich im Schlaf. Ihre Glocke schlägt nur ein einziges Mal an.

Gegen vier Uhr knarrt das Holz. So beginnt der nächste Tag.

In der ersten Nacht, die ich oben auf der Alm verbrachte (allein, sonst wäre die Herausforderung verpufft und der Zauber wäre verflogen), schrie im Unterholz des nahen Waldes gellend ein Reh. Es bedeutet wenig, auch wenn es sich anhört, als würde jemand noch recht Jungem Gewalt angetan. Das jahrelang nicht an Feuerwärme gewöhnte Gebälk ächzte die halbe Nacht lang, unterbrochen von kleinen Explosionen sich dehnenden Holzes. In den kurzen Pausen dazwischen konnte ich in der Wand neben meinem Kopf das rührende, weil unermüdliche Nagen von Holzwürmern ausmachen. Das Wasser draußen, das zwischen der Quelle hoch oben am Hang und meinem ausgehöhlten Baumstamm ein ziemliches Gefälle zurücklegt, rauschte überlaut. Die Siebenschläfer unter dem Dach fanden offenbar auch keine Ruhe.

Gegen vier Uhr morgens machte ich, hundemüde, aber atemlos, einen Rundgang um die Almhütte. Danach setzte ich mich entnervt hinaus in die Dämmerung. Ein einzelner Windstoß, wie er oft kurz vor fünf Uhr früh vom Tal herauf kommt, fuhr unter das Dach und ließ altes Laub unter dem First rascheln. Dann begann der erste Vogel zu zwitschern. Um fünf kam die Sonne über den Kamm.

Geschlafen habe ich in der ersten Nacht nicht, aber am Morgen habe ich gewusst, dass ich hier mein Paradies gefunden hatte.

Die persönliche Lautstärke
Der Einsame und der Lärm

»Von Einsamkeit und Stille übermannt«
Hermann Hesse

Beharren Sie als ein selbstbewusst still lebender Mensch ruhig auf Ihrer Sensibilität! Schrauben Sie Ihre Ansprüche höher! Nehmen Sie sich möglichst viel heraus! Sie müssen nicht egozentrisch werden, aber ein wenig exzentrisch zu sein, schadet überhaupt nicht!

Vielleicht muss eine gewisse Erziehungsarbeit an Ihrer Sie nervenden Umwelt geleistet werden. Erstaunlicherweise wird man Ihnen das nicht verübeln. Vielmehr werden sich die Leute darum reißen, Ihnen Ihre übersteigerten Wünsche zu erfüllen und Rücksicht zu nehmen.

Dass sie hinter Ihrem Rücken die Augen verdrehen, kann nicht ausgeschlossen werden. Einzelgänger rechnen sowieso damit, falls sie ein Mindestmaß an Selbstironie haben.

Eine der hauptsächlichen Störquellen für Alleinlebende sind Geräusche, die sie nicht selbst produzieren. Die deuten nämlich meist auf einen zweiten, dritten, achthundertdreiundsechzigsten Menschen hin. Hier gilt es, die Störenfriede umgehend in ihre Grenzen zu verweisen. Geheiligte Einsamkeiten sind tabu für laute Grobiane.

Wer allein lebt, erlaubt sich andererseits natürlich ganz schön viel, um nicht zu sagen: alles. Er produziert Laute ohne Skrupel und macht oft Lärm ohne Rücksicht. Denn kein Ehegespons hat Migräne oder noch ein paar Akten aufzuarbeiten und darf deshalb nicht gestört werden. Niemand in der näheren Umgebung bereitet sich fürs Abitur vor oder übt sich an sensiblen Instrumenten wie der keltischen Querflöte – alles Umstände, die dem Geselligen akustische Rücksicht aufzwingen würden.

Nicht so dem Eigenbrötler.

Werfen wir also erst einmal einen Blick auf jene musikalische Geräuschkulisse, die der Einzelgänger selbst aufbaut, wenn er sich besonders wohl fühlt.

Singt er? Selten!

Um als Vereinzelter zu singen, bedarf es nämlich ziemlicher Überwindung oder eines gewissen Alkoholpegels. Einsame wollen ungern die sie umgebende angenehme Stille durch theatralische Sangeskunst unterbrechen. Die Beschaulichen brauchen nicht Stimmgewalt und Atemstütze und das hohe C.

Meditative Musikfreunde machen etwas ganz anderes, etwas Sanfteres, Behutsames, wenn sie allein sind: Sie pfeifen.

Nichts kommt da lauthals daher wie beim Singen. Überhaupt verhält sich das Pfeifen zum Singen wie das Lächeln zum Lachen: verhalten. Ist es nicht auch ästhetischer? Nie und nimmer wird man da erschlagen von der dramatisierenden Mimik des singenden Menschen.

Kein grässlich aufgerissener Mund, kein Speichel und Gaumensegel, sondern zierlich gespitzte Lippen. Das restliche Mienenspiel kann sich nur auf ein Heben der Brauen beschränken, was einen gelassenen und legeren Eindruck machen würde, wären denn etwaige Zuhörer und Zuschauer in der Nähe. Sind es aber nicht.

Wer pfeift, ist oft selbstvergessen und dennoch sich selbst genug. Wer pfeift schon für andere, so wie der Sänger gern für andere und mit anderen singt? Wer vor sich hin pfeift, scheint ein gepfiffenes Selbstgespräch zu führen. Man sollte ihn in Ruhe lassen: den Mathematiker, der es tut, während er über einer Formel brütet; die Schreiberin, die auf ihre Tastatur starrt und ohne auszumachende Tonfolge pfeift, wenn sie um ein Wort ringt; den Patience-Spieler, der seine Karten aufnimmt und anderswo ablegt.

»Während er so beschäftigt war, spitzte er die Lippen ein wenig und pfiff, ohne Melodie, ein weiches, dunkles Pfeifen, wie von einer sehr jungen Lokomotive, die noch etwas unsicher ist«, beschreibt Raymond Chandler in »Die kleine Schwester« eine solche Situation.

Es pfeift der denkende Mensch. Und der einsame Mensch ist häufig ein denkender Mensch.

Nun aber zu den Kontemplativen und ihrer oft ins Hysterische schwappenden Empfindlichkeit gegenüber Geräuschen anderer Menschen. Es nützt das ganze In-sich-gekehrt-Sein wenig, wenn die Stille unentwegt gestört wird.

Reizbar geworden im Trommelfeuer phonstarker Anmache will der gequälte Single-Bürger nur noch eines: in Ruhe gelassen werden. Er sehnt sich nach mehr Feinfühligkeit, wenn schon nicht zu umgehen ist, dass man sich ihm nähert und diese Annäherung akustisch ankündigt.

Mit anderen Worten: Die hörbare Signalsprache – Klopfen, Klingeln, Telefonläuten, Hupen, Handy-Melodie oder das mörderische Schrillen der Fahrrad»glocken« von Kurieren – hat barbarische Ausmaße angenommen und eskaliert zu einem subtilen Psychoterror.

Der lästige Anwanzer nähert sich dabei im Überschwang seiner jeweiligen Gefühle meist plump und wenig bedacht. Der Mensch von heute scheint weniger des Menschen Wolf zu sein als vielmehr sein Trampeltier oder Klopfspecht. Sein Vorpreschen hat etwas Ungestümes, und er kündigt die bevorstehende Penetration unserer Intimsphäre wenig zart fühlend an.

Das bedrängte Opfer wird dabei unterschiedlich eingestuft: entweder als gehörgeschädigt oder erblindet – denn wieso glaubt zum Beispiel ein Hintermann, würde man seiner markerschütternden Fanfare eher ausweichen als seiner Lichthupe?

Oder als begriffsstutzig mit verzögerten Reaktionszeiten – denn wieso klingelt jemand zweimal im Abstand von vier Sekunden, obwohl man selbst im Einzimmerapartment kaum in diesem Zeitraum an die Tür hätte hechten können?

Oder als Migränepatienten – denn wieso nähern sich wieder andere so devot, dass ihr Klopfen eher ein Klöpfeln ist, knapp oberhalb der Wahrnehmungsschwelle? Fürchten sie in vorauseilendem Gehorsam die Explosion der Nerven des Eremiten oder den Hausfriedensbruch der Klause? Schon gestorben, was immer sie auch wollten.

Solcherart lasche oder auch impertinente Bedrängnisse tyrannisieren uns Tag und Nacht:

Dieses vermeintlich dezente Klopfen an die Krankenzimmertür, just wenn die Verbände gewechselt werden.

Dieses Klingeln des Paketboten im Grauen eines Morgens, gegen den hin man eben erst eingeschlafen ist.

Wie also wehren wir uns, um unsere stille Einkehr zu retten? Beileibe nicht mit den kunstwächsernen Ohrenpfropfen. Der persönliche Schallschutz würde wie ein Tranquilizer wirken: nur betäuben, nicht heilen. Die tönende Nötigung muss vielmehr an der Wurzel (= Zeigefingerspitze, Knöchel) gepackt werden, verfeinert, differenziert und der jeweiligen Gelegenheit angepasst, soll sie denn Erfolg haben.

Die meisten machen es grundverkehrt: Der Zimmerkellner klopft zu laut und hämmert damit die Stimmung weg, die uns Champagner ordern ließ.

Die Arzthelferin dagegen pocht überhaupt nicht, wenn sie dem Doktor eine Karteikarte auf den Schreibtisch legt, obwohl ich mich halbnackt eigentlich nur dem Mediziner zeigen wollte.

Der Kleinbürger, der sein Benimmbuch falsch verstanden hat, klopft auch noch an die Wohnzimmertür, die ihm sein Gastgeber aufhält.

Und der unsensible Ehemann betritt das Badezimmer, in dem seine Frau eine neue Gesichtsmaske ausprobiert, einfach so; er ahnt nicht, dass Dezenz eines der Zaubermittel einer guten Partnerschaft ist. Wer allein lebt, braucht zum Glück weder aktive noch passive Dezenz. Wir können sämtliche Türen stets offen halten.

Es nervt auch jener, der ungeduldige Trommelwirbel an die Tür kleckert wie der Pointillist seine Tupfer auf die Leinwand. Es nervt andererseits der Einmal-Klopfer, weil man nie weiß, was das nun wieder war: ein Sektpfropfen beim Nachbarn? Das Morsezeichen für »e«?

Es quält der Drängler, der ein paar Meter hinter unserem Rücklicht den Finger auf dem Signalhorn seines getunten Mittelklassewagens lässt; er weiß ja nicht, dass die wirklich schweren Boliden sich lautlos drohend unserem Kofferraum nähern und damit tatsächliche Übermacht signalisieren.

Und es peinigt auch jener Anrufer, der das Telefon vierzehn Mal läuten lässt. Was glaubt er, tust du derweil?

In einem solchen Verhaltens- und Machtspiel verrät sich der Täter, und der Vorgewarnte weiß gleich, wer da auf ihn zukommt. Es ist wieder mal eine reizvolle Möglichkeit für Einsame, Studien an ihren Mitmenschen zu betreiben; ein Lieblingssport derjenigen, die sich nicht mit Tischgenossen unterhalten müssen, sondern hinter ihrer Zeitung die Ohren spitzen. Oder derjenigen, die sich durch die Straßen treiben lassen, ohne von Begleitpersonen vor geschmacklose Schaufenster gezerrt oder in quälende Läden gezogen zu werden.

Der gewiefte Eigenbrötler horcht also genau hin und erkennt mit seinem absoluten Gehör für Störungen seine Pappenheimer:

Sektvertreter läuten verhalten, Sektenwerber fies. Das Kind (hin und wieder haben Alleinlebende Kinder), das zum Klingelknopf hochspringen muss, kann nur kurz antippen. Wenn es größer wird, merkt man an seinem Klingeln, wie die Note der Lateinarbeit ausgefallen ist. Der Nachbar, in dessen Einfahrt wir das Auto geparkt haben, läutet Sturm. Sturm läutet auch der Verehrer, dem damit doch nur nichts weiter als Begierde den Zeigefinger so ungeduldig führt.

Aber auch die Reaktion des gepeinigten Opfers ist programmiert. So ahnt der Gangster, schlaftrunken und in Unterhosen, um fünf Uhr früh, was die Stunde geschlagen hat, wenn das *staccato* der Kriminaler an seine Tür prasselt. Und jeder Personalchef erkennt gleich an Frequenz und Nachdruck des Anklopfens, dass er dem unterwürfigen Schleimer, der seinen Knöchel nur lau an die Tür setzt, den Job nicht geben wird; oder dass der Dreiste, der kaum das »Herein« abwartet, womöglich eine künftige Führungskraft ist.

Das Läutwerk des Telefons wird ebenfalls zum feinen Spielzeug der Gewalt. Mit seiner Hilfe hat man zum Beispiel die Macht, am anderen Ende der Welt einen Japaner dazu zu bewegen, die Zeitung wegzulegen und aufzustehen, weil sein Telefon läutet.

Zeitgenossen, die einen Anrufbeantworter haben, sind nicht unbedingt die unwilligen Sonderlinge, als die sie erscheinen. Viele verraten sich in der Handhabung des eigenen Apparates:

Wer sein Gerät so eingestellt hat, dass es sich nach dem ersten Läuten einschaltet, ist ein Freiberufler, der auf Aufträge aus ist, ein verlassener Liebender oder einfach neugierig. Einsame sind übrigens trotz ihrer gern betonten Abgeklärtheit, ja Weltabgewandtheit häufig von suchtartiger Neugier; wer den Apparat erst aufs fünfte Läuten programmiert hat, ist tatsächlich der souveräne Wurschtigkeitstyp, dem sowieso lieber wäre, es würde überhaupt niemand anrufen.

Mit einem Klingeln kann man nicht nur eindringen, sondern auch herholen:

Die Glocke schrillte in der großbürgerlichen Küche, wenn das Dienstmädchen den nächsten Gang auftragen sollte; Nachtschwestern werden damit gepeinigt, Hotelpagen schikaniert. Auf dem Tresen einer verlotterten Absteige kann man auf eine metallene Halbkugel hauen und damit einen Nachtportier in seinem Hinterzimmer aufscheuchen, damit er die Wettliste aus der Hand legt und nach dem Begehr des späten Gastes fragt.

Aufs Klingeln hin herbeieilen zu müssen, ist immer ein bisschen so, als drehte man sich auf einen Pfiff hin um: beschämend. Also gehören auch da mehr Güte und Würde in diese alltägliche Handhabung menschlichen Miteinanders. Vordergründige Geräuscharmut und scheinbare Behutsamkeit ins einstige Schrillen und Poltern brachten da mittlerweile die Ingenieure, indem sie gedämpfte, vermeintlich melodische Läutwerke schufen.

Aber immer noch haben wir diesen Mangel an Variation. Nur wenige beherrschen die Kunst der akustischen Annäherung auf individuelle Weise, diese feine Mischung aus Warnen und Buhlen:

Der erstklassige Diener räuspert sich, bevor er sich dem Salon nähert, in dem die Dame des Hauses einen Gast zum Tee empfängt. Der Jäger jodelt schon vom Tal herauf, wenn er die Alm der Sennerin anstrebt. Knecht Ruprecht klirrt von weitem mit den Ketten. Der Geliebte pfeift bereits unter dem Fenster den Anfang »unseres Liedes«. Und der alte Kumpel skandiert einen Code an die Tür.

Wie schön wäre es, und zwar nicht nur für geräuschempfindliche Einzelgänger, wenn jemand verstünde, die Klingel so zu betätigen, dass sie wie das Klimpern von Eiswürfeln in einem träge bewegten Glas wirken würde. Oder wenn er sein Klopfen so verfeinerte, dass es wie das trockene Klicken klänge, mit dem Billardkugeln aneinander stoßen.

Da würde man doch gleich Tür und Tor und die Herzen weit öffnen.

Am allerschönsten für den Einzelgänger aber wäre: ein Brief.

Einsamkeit
und Scham

»Und Herr seiner vier Tugenden bleiben,
des Mutes, der Einsicht, des Mitgefühls, der Einsamkeit.«
Friedrich Nietzsche

»Während die anderen … atmeten und sich reckten …, stand er wie tot in seiner Einsamkeit … Ohne dass er zitterte, konnte man doch sehen, dass er fror und dass er mit Unbehagen und Scham so allein und preisgegeben stand.«

Meine Güte! Da möchte man doch gleich hinzueilen und den Armen unterhaken und auf die Tanzfläche führen oder zumindest hinein in den lärmenden Trubel der gesellig strotzenden Kumpane. Wenn das denn so leicht ginge. Denn der Ausgestoßene ist ein Baum, genauer gesagt eine einzeln stehende Blutbuche, die Hermann Hesse in »Heumond« beschreibt.

Beschämt Einsamkeit?

Die unter ihrer Einsamkeit Leidenden leiden doppelt. Zu ihrem grundsätzlichen Schmerz über ihre trostlose Gottverlassenheit und ihr Dahinvegetieren so mutterseelenallein und ihre Verlorenheit in einer Welt voll glücklicher Zwei- oder Mehrsamer kommt nämlich eine zweite Pein: die Scham.

Verzagte Einsame schämen sich gern in Grund und Boden. Erstens, weil sie schüchtern sind und nicht auffallen wollen. Zweitens, weil sie mit ihrem einzelnen Auftreten vor allem eins tun: auffallen!

In ihrer Solitüde den Blicken aller preisgegeben, herausgehoben aus der Menge, begafft von der Masse zerknüllen sie ihr Taschentuch und zerbeißen ihre Zigaretten und Fingernägel. Das Mauerblümchen verbringt den Tanzabend auf dem Klo. Der

Partygast ohne Begleitung studiert die Buchdeckel der Bibliothek des Hausherrn oder spielt mit dem Hund der Gastgeberin. Einsame Theaterbesucher bleiben in der Pause gern auf ihrem Platz sitzen und vertiefen sich ins Programmheft.

Ihrem vermeintlich traurigen Schicksal ergebene Einsame, die sich aber einen Rest an Trotz erhalten haben, schämen sich nicht, sondern werden nicht müde zu betonen, dass sie nun mal keine von diesen lauten Extravertierten seien. Schon wirklich nicht! Gebrüder Leichtfuß, Gaudiburschen, vergnügte Hühner, lustige Häuser und Stimmungskanonen wären nicht ihr Ding. Denn das seien auch keine Kommunikationsgenies, sondern peinliche Anbiederer, die aber auch mit jedem gleich losquatschen müssen. Selbst mit Menschen, die nebenan im Stau auf der Autobahn stehen! Sogar, wenn diese Leute einen violetten Porsche fahren! Also ich bitte Sie! Schämen sollten die sich!

Soweit die Verdränger unter den Einsamen alter Schule.

Um nicht auch noch zu allem Unglück vor Scham im Erdboden zu versinken, unterwerfen sich Einsame mit dem Hang zum Genieren verzweifelten Anstrengungen. Sie wollen sich vor ihren Mitmenschen nicht blamieren. Manche sogar vor sich selbst nicht. Unterdrücken, Leugnen, Beschönigen, Verheimlichen sind bewährte Mittel des Selbstbetrugs:

Wenn man einen bestimmten Kollegen aus früheren Reporterzeiten anruft, spricht er jedes Mal einen Satz zu Ende oder lacht oder sagt »Okay, bis später!«, *nachdem* er abgehoben hat, aber *bevor* er sich meldet. Regelmäßig täuscht er vor, nicht allein im Raum zu sein oder zumindest in einem Gespräch am Zweitapparat: »Allein? Ich? Schon wirklich nicht!«

Eine Nachbarin deckt den Tisch bei geöffneten Vorhängen und Festbeleuchtung für drei und schließt erst dann die Rollläden, hinter denen sie später alleine speist.

Ein alter Freund zerknüllt grundsätzlich zwei Kopfkissen in seinem Bett, um sich und eventuellen Besuchern die Illusion zu gönnen, er hätte die letzte Nacht nicht allein verbracht.

Eine unverheiratete Bekannte ohne weitere Familie häuft leere Päckchen, von ihr selbst phantasievoll gestaltet, um den Weihnachtsbaum. Nur zwei Geschenke von zwei immerhin treuen Freunden bekommen zu haben, empfindet sie als Schmach.

Eine andere ruft ihren eigenen Anrufbeantworter mehrmals an, wenn sie außer Haus geht, um beim Heimkommen wenigstens kurzfristig die Illusion zu haben, es hätten sie eine Menge Leute erreichen wollen.

Ein Bekannter kauft keine Singlepackungen im Supermarkt, um sich an der Kasse nicht als bedauernswerter Alleinstehender zu entblößen.

Täuschungsmanöver für andere oder Selbsttäuschung?

Um für die solcherart Verschämten die scheinbar peinliche Situation zu entschärfen, haben sich Erfinder und Geschäftemacher einiges ausgedacht: Schon gibt es zum Beispiel CDs mit Geräuschen, die eine zweite Person in der Wohnung machen würde: Räuspern, Murmeln, eine Tür wird geschlossen, eine Schublade quietscht, ein Stuhl wird gerückt, jemand summt leise vor sich hin und so weiter.

Einmal war ich allerdings selbst recht froh, als im rückwärtigen Teil meiner Wohnung die Zugluft eine Tür zuknallte – in dem Augenblick, als sich ein lästiger Vertreter nicht abwimmeln ließ und ich mit bedauernder Handbewegung hinter mich auf meinen imaginären Ehemann verweisen konnte, der ungeduldig auf sein Abendessen warte.

Einsamkeit scheint in den Augen unsicherer Einsamer nicht nur eine soziale Schwäche, ein Versagen, gar eine Behinderung zu sein, sondern auch eine Art Vergehen, bei dem man nicht erwischt werden möchte. Noch beschämt sie den einen oder die andere, so wie es früher einmal Homosexualität, Alter oder Arbeitslosigkeit taten. Aber das ist, sollte man meinen, lange her.

Das Alleinsein – zeitweise geübt oder als Lebensentwurf gewählt, nun mal nicht zu umgehen oder heiß geliebt – muss als Möglichkeit eines gelungenen Lebens endlich richtig kultiviert werden. Dazu zu stehen, stolz darauf zu sein (auf die Kraft und den Mut, die nun einmal zu einem solchen Leben gehören, darf man ruhig stolz sein), sich meinetwegen sogar mit der Einsamkeit zu brüsten – das sind Haltungen, die ihr künftig gerecht werden sollten.

Wer als Individualist autonom und selbst bestimmt lebt, wer sich gut kennt und sich gern mag, ist meist auch fähig, tiefe und haltbare Freundschaften zu schließen und sich freiwillig und ohne Verpflichtung um andere zu kümmern.

Solidarität, die nicht auf Verträgen oder Verwandtschaft beruht, ist oft umso tragfähiger. Solche Leute sind unabhängig. Sie sind nicht gefangen in den Netzen familiärer Zwänge. Und nicht gefesselt durch aufreibende Zweisamkeiten. Ihre Zuneigungen und Hinwendungen kommen aus freiem Willen.

Unvereinnahmt von anderen, die an ihn gebunden sind oder an die er gebunden ist, kann sich der Einzelgänger auf die Welt einlassen. Die Soziologie schreibt dem Solisten zwar »Sicherheitsverlust« zu, auf der anderen Seite aber auch »Komplexitätsgewinn«. Der so komplexe Außenseiter ist kein Spielverderber, nur weil er nicht mitspielt. Und er ist auch kein Griesgram, nur weil er das Massenangebot kollektiven Spaßes dankend ablehnt.

Der Alleinstehende, meinetwegen auch der sich einsam Fühlende hat alle Möglichkeiten und genug Zeit, sein Leben zu gestalten, wie er es für richtig hält. Erstaunlich viele der scheinbaren Egoisten sind verblüffend altruistisch. Sie entwickeln Menschenfreundlichkeit und Hilfsbereitschaft. Ihre Begabung zur Empathie, ihre Neugier auf andere Menschen, ihre Fähigkeit zur Anteilnahme, ihr Taktgefühl, kurz: Ihre soziale und emotionale Intelligenz sind ausgeprägt.

Was war doch gleich der Grund, warum man sich all dessen schämen sollte?

Einsamkeit
und Gefahr

Wer die Gefahr sucht, kommt darin um?

Reinhold Messner und ein paar andere, die allein und zu Fuß eisige Subkontinente durchwandert oder in einem Boot ohne Crew Weltmeere befahren haben, weilen zum Glück noch unter uns.

Noch leben bei bester Gesundheit und ausufernder Fröhlichkeit betagte Sennerinnen, die an die fünfzig Sommer allein auf ihren Almen verbracht haben, gelegentliche Besuche von Jägern, Wilderern, Nachbarsennern und erwartungsfreudigen Touristen einmal ausgenommen – und glauben Sie mir, das Klischee stimmt noch immer mit der Realität überein.

Selbst die Eremiten wurden laut Geschichts- und Religionsbüchern meist steinalt.

Wer also mit der Einsamkeit etwas Ähnliches wie Gefahr verbindet, ist gut beraten, ihr ins Gesicht zu lachen. Der Einsamkeit? Der Gefahr? Beiden!

Einsamkeit birgt weniger Gefahr als gemeinschaftliches Leben, was allein schon die Zahlen der Kriminalstatistik bezeugen, nach denen die meisten Morde im familiären, bekanntschaftlichen oder nachbarschaftlichen Umfeld vorkommen. Die Handgreiflichkeiten sowieso.

Überspitzt gesagt: Wer allein lebt, lebt sicherer!

Aber nicht ungefährdeter.

Und das kommt so: Der hartherzige Sonderling, das freudlose Fräulein – wir wollen nichts beschönigen. Diese Art von Einsamen gibt es auch. Und ich kann nicht leugnen, dass solche Leute zum Teil und mit den Jahren ziemlich unerträglich werden können:

Die unnahbare Karrieristin. Der zanksüchtige Egomane. Die jahrelang hadernde Witwe. Der ungastliche Hagestolz. Die giftende Neidische. Der Eigenbrötler, der sein Brot keinesfalls bricht und teilt. Der verbiesterte Alte. Die verlassene Männerhasserin. All die Grantler und Grübler, die Hunden und Kindern gern mit dem Stock drohen. Die in ihren Herzen und Seelen Verarmten. Alle Menschen, denen die Grundregeln sozialer Intelligenz abhanden gekommen sind: Anteilname, Takt, Rücksichtnahme. Und die nichts weiter als böse, aggressiv und hochgradig solipsistisch im Laufe ihres offenbar unreflektierten Alleinlebens geworden sind.

Einsamkeiten, mit denen man sich nicht in einem mutigen Dialog auseinander setzt, denen man stattdessen erlaubt, Gewalt über Denken und Fühlen zu erlangen, Einsamkeiten, die erst traurig machen und später verbittert – das sind die bedrohlichen Einsamkeiten, vor denen nicht genug gewarnt werden kann.

Da droht tatsächlich Gefahr.

Bei einem der schon erwähnten Spaziergänge durch meinen bevorzugten Schlosspark stieß ich auf ein liebes, altes Mütterchen, das am Teich neben einer Verbotstafel (»Bitte die Enten nicht füttern!«) stand und ausgiebig die Enten fütterte.

Ich wagte einen dezent mahnenden und dennoch verständnisvollen Hinweis auf die Tafel; wohl wissend, dass die Alten und Einsamen auch die gefürchtetsten »Tauben-Mutterln« sind.

Die alte Dame drehte sich um, sah mich mit ihren guten Großmutteraugen an und gellte mir ein erstaunlich phonstarkes »Lecken Sie mich doch am Arsch!« ins Gesicht.

Hilflos lächelnd vor Schreck und Scham ging ich von dannen. Flogen Enten auf? Erschauderten die Jasminbüsche? Erzitterten die Schlossmauern? Auf jeden Fall drehten sich ein paar Spaziergänger um und betrachteten mich, als hätte ich der lieben Greisin Gewalt angetan.

Lang andauerndes Alleinsein kann neben Bosheit auch noch anderen Unsäglichkeiten Vorschub leisten.

Wilhelm Busch hat einen Einsamen mit allen Genüssen und Gefährdungen beschrieben:

»Wer einsam ist, der hat es gut,
Weil keiner da, der ihm was tut.
Ihn stört in seinem Lustrevier
Kein Tier, kein Mensch und kein Klavier,
Und niemand gibt ihm weise Lehren,
Die gut gemeint und bös zu hören.
Der Welt entronnen, geht er still
In Filzpantoffeln, wann er will.
Sogar im Schlafrock wandelt er
Bequem den ganzen Tag umher.
Er kennt kein weibliches Verbot,
Drum raucht und dampft er wie ein Schlot.
Geschützt von fremden Späherblicken,
Kann er sich selbst die Hose flicken.
Liebt er Musik, so darf er flöten,
Um angenehm die Zeit zu töten,
Und laut und kräftig darf er prusten,
Und ohne Rücksicht darf er husten,
Und allgemach vergisst man seiner.
Nur allerhöchstens fragt mal einer:
Was, lebt er noch? Ei schwerenot,
Ich dachte längst, er wäre tot.
Kurz, abgesehn vom Steuerzahlen,
Läßt sich das Glück nicht schöner malen.
Worauf denn auch der Satz beruht:
Wer einsam ist, der hat es gut.«

Andere Eigenheiten, die sich mit der Zeit ins Leben der Einzelgänger eingeschlichen haben, können wir täglich beobachten:

Da pult jemand, in dessen Erziehung die Eltern einst Tausende gesteckt haben, plötzlich am Drei-Sterne-Restaurant-Tisch in den Zähnen, weil er das daheim am Küchentisch auch immer tut und ganz vergessen hat, dass ihm ja heute die Erbtante gegenüber sitzt.

Oder Leute, die zu Hause kein Korrektiv in Form einer tadelnden Ehefrau haben oder eines die Augenbraue hochziehenden Ehemanns oder erbarmungslos kritisierender Kinder, verlieren mit der Zeit auch diesen oder jenen Maßstab. Sie zwängen sich in fortgeschrittenem Alter und mit ausufernden Oberweiten in T-Shirts mit glitzernd aufgestickten Teddybären; oder sie tragen dünne Lederkrawatten aus den Fünfzigerjahren.

Der Sonderling, vielleicht immer schon ein wenig schlampig, wird zum behandlungsbedürftigen »Messie«, nach dessen Tod das Technische Hilfswerk sich kaum mehr durch die vermüllte Wohnung bewegen kann.

Wer nicht aufpasst, zieht eines Tages den Pullover mit den Nähten nach außen an, trägt zweierlei Socken oder vergisst, die Knöpfe am Rücken des Kleides zu schließen, an die man sowieso nicht ohne schmerzhafte Verrenkungen gelangt wäre. (Rechnen Damenoberbekleidungs-Hersteller eigentlich grundsätzlich mit Zweitpersonen im Haushalt einer Dame?)

Die Alte, die keine Menschen mehr um sich hat, kann wenigstens auf die Meute atmender, warmer, weicher Katzen zurückgreifen, die sich zu dreiundzwanzig in ihrer versifften Behausung drängen, paaren, entleeren und sterben.

Und einer wurde, in seiner entlegenen Hütte in der Waldeinsamkeit von Montana, zum Serienmörder. Der begabte Mathematiker Theodore Kaczynski bastelte achtzehn Jahre lang Bomben, die er todbringend an Universitäten und Airports schickte, bevor er als so genannter UnA-Bomber dingfest gemacht wurde.

Die Gewohnheiten der Unkorrigierten, niemals Getadelten führen leicht in die Unbeweglichkeit. So flexibel der gewandte Einzelgänger ist, so erstarrt kann ein Vereinzelter werden, der seinen Lebensstil nicht reflektiert. Lieb gewonnene Eigenheiten, die nicht in Zweifel gezogen werden, können einen Menschen erst originell, später hölzern und schließlich zu Stein werden lassen.

Wer darauf beharrt, täglich um genau 15.45 Uhr das Fitness-center zu betreten oder wer seine Nippesfiguren nach einer un-umstößlichen Ordnung arrangiert, wer kein Telefonat annimmt, wenn Bach im Klassikradio ertönt, obwohl er 19 Bach-CDs hat, oder wer italienischen Boden nicht betritt, weil ihn vor dreißig Jahren ein Mädchen aus Bologna sitzen ließ, der ist nicht nur ein Zwanghafter, sondern ein Zwanghafter, dem offenbar kein zwei-ter Mensch mehr sagt: »Lass gut sein, entspann dich, spinn jetzt nicht!«

Dafür hat man Freunde. Und manchmal ist sogar eine nör-gelnde Xanthippe zu Hause gar nicht mal so ungesund.

Bei diesem Pandämonium verquerer Einzelgänger sieht man, dass das Alleinsein also durchaus eine Bedrohung bedeuten und Angst machen kann: nicht vor Räubern oder Schändern, son-dern vor der Deformation des Charakters.

Man muss die Einsamkeit also in ihre Schranken weisen, be-vor sie die Kontrolle übernimmt, die Macht an sich reißt und sich zu einer vergiftenden Beeinflusserin aufplustert.

Das lässt sich bewerkstelligen, indem man sie personifiziert. Talentierte, phantasievolle Einzelgänger verpassen ihrer Einsam-keit Gesicht und Stimme.

Und das Abenteuer beginnt.

Die personifizierte
Einsamkeit

Es ist höchste Zeit, die Einsamkeit genauer vorzustellen. Sie hat ein Eigenleben. Dort muss man sie abholen.

Ich habe die Einsamkeit nicht nur zu irgendeiner Freundin gemacht, sondern sie zur Kumpanin, gar zur Komplizin erhoben. Es ist ein alter Trick, ärgerliche oder ängstigende Dinge vom Lampenfieber bis zu den Krebszellen zu personifizieren.

»Nicht die Dinge sind es, die uns beeinträchtigen, sondern unsere Meinung von den Dingen.« Man kann den klugen Epiktet nicht oft genug erwähnen, der das schon vor über zweitausend Jahren behauptete.

Auch »Einsamkeit« ist erstmal nur ein Begriff, wie zum Beispiel »Freude«.

Bei »Freude« jedoch denken wir nicht lange über die Freude nach, sondern über die besten Formulierungen für die Dankesrede, über das Schnittmuster des Brautkleides, über den passenden Platz für den »Oscar« (Kaminsims oder Safe?) und über die Frage, ob man die Lottomillionen so oder so anlegen sollte. Bleibt wenig Zeit, sich über das Wesen der Freude an sich Gedanken zu machen.

Anders die Einsamkeit. Für das Nachdenken über die Einsamkeit hat man naturgemäß alle Zeit der Welt. Also setzt man sich hin, weint oder wütet, beschreibt sie blumig in einem Tagebuch, schildert sie noch blumiger dem Psychotherapeuten und am blumigsten den Freunden und Freundinnen, die man zu nächtlicher Stunde damit telefonisch belästigt.

Je mehr man sich mit der Einsamkeit beschäftigt, umso deutlicher nimmt sie Gestalt an. Erst nur schemenhaft wie ein Gespenst und bedrückend wie ein Alb. Ohne Konturen und nichts weiter als beunruhigend. Aber bald schon ist die Einsamkeit für viele der böse Schatten, der auf Schritt und Tritt folgt. Vor allem, wenn man sonntags im Stadtpark schreitet und tritt und ausschließlich Verliebte und auch sonstige Paare jeden Alters sieht. Und sie ist auch der Feind, der zu Hause wartet und sich weigert, die Wohnung wieder zu verlassen.

Ich habe die Einsamkeit schon früh personifiziert. Aber ich habe sie von Anfang an umgepolt, auf meine Seite gezogen und sie zu einer Vertrauten gemacht.

Ich spreche mit ihr. Manchmal nervt sie mich. Oft verzeihe ich ihr. Häufig muss ich über sie schmunzeln, wenn sie mal wieder den alten Trick versucht, trübe Stimmung zu verbreiten. Oder wenn sie mir mit den altbackenen Stammtisch- und Frauenrunden-Argumenten kommen will und gern von Melancholie faselt.

Mädchen, sag' ich dann, lass gut sein! Sie ist ja nicht dumm und auch keine Spielverderberin. Sie sieht ihre Felle davonschwimmen, schwenkt rasch um, und wir machen uns einen gemütlichen Abend.

So viel zu meiner Freundin namens Einsamkeit.

Aber ich möchte noch genauer auf ihre Macken und Fallen, ihre Zickigkeiten und Ansprüche eingehen. Die Gute hat es nämlich faustdick hinter den Ohren. Wie ein lebendiges Wesen fordert sie, linkt, verkleidet sich, verspricht und belohnt.

Wenn sie neu ist und sich erstmals so richtig hineindrängt in Ihre Wohnung und Ihre Seele, neigt sie zu Hysterie und Theatralik. Sie kleidet sich entsprechend in ein härenes Gewand und rät auch Ihnen gern zu dunklem Rot oder mattem Lila, Braun, Grau oder gleich Schwarz. Schauen Sie in Ihren Kleiderschrank!

Die meisten Alleinseienden haben es nicht anders erwartet, kennen das schon aus Romanen und von Schlagern und Opernbühnen und fallen prompt darauf rein:

»In die Badewanne legen, vollaufen lassen – die Wanne natürlich – und dann weinen. Und beobachten, wie die Tränen ins Badewasser tropfen«, erzählt Birgit, eine 34jährige Rechtsanwältin.

Weitere Aussagen eingeübter Opfer:

»Allein und einsam in meiner Wohnung? 27 Zigaretten am Abend – das war der bisherige Rekord » (Paul, 42, Grafiker).

»Auf und ab gehen, in den Spiegel schauen, am Fenster stehen, eine Schranktür auf- und wieder zu machen, auf und ab gehen, in den Spiegel schauen und … das Ganze wieder von vorne« (Uschi, 26, Verkäuferin).

»Essen, essen, essen. Den ganzen Kühlschrank leer fressen » (Christine, 43, Mutter).

»Wenn ich vom Büro heimkomme, drehe ich den Fernseher an. Noch bevor ich den Mantel ausgezogen habe. Und der Kasten läuft bis Sendeschluss » (Rolf, 45, Makler).

Das sind seit jeher die typischen, nicht gerade originellen Verhaltensweisen sich einsam fühlender Leute. Fressen, saufen, weinen, fernsehen.

Wenn man noch nicht ganz so weit ist, dass man Einsamkeit hoch schätzt, gibt es eine viel bessere Reaktion, ihr zu begegnen, amüsanter in der Ausübung und durchschlagender im Erfolg.

Um die Einsamkeit und ihr kitschiges Selbstmitleid zu durchschauen, ihr dieses dröge Gegreine vorzuhalten und ihr irgendwann ins Gesicht lachen zu können, bedarf es erstmal einer gewaltigen Übertreibung.

Spielen Sie ihren Kummer aus! Überschreiten Sie jegliche Grenze des guten Geschmacks und der körperlichen Schonung! Sie sind allein, also was soll's. Treiben Sie's bis zum Äußersten! Verschlimmern Sie vor allem die Situation!

Stellen Sie das Telefon ab, weil ja doch niemand anrufen wird. Lassen Sie den Kühlschrank leer und leerer werden. Das bedeutet, dass Sie einerseits nicht mehr einkaufen und damit unter die Leute gehen, und andererseits, dass Sie von Kräften kommen; und man weiß ja, dass ein leerer Magen die Stimmung gewaltig drückt.

Günstig wäre zudem Regenwetter. Besser noch Novembernebel. Am besten natürlich die Woche vor Weihnachten.

Vielleicht eignet sich zur Steigerung des Unglücklichseins auch die Überzeugung, dass Sie eventuell schwer krank sind und niemand Sie finden wird, wenn Sie demnächst sterben; erst nach Wochen wird man im Treppenhaus den Geruch…

Eventuell sehen Sie sich in Ihrer Not bald schon fremde Männer respektive Frauen auf der Straße anquatschen und mit nach Hause nehmen, weil der Körper angeblich sein Recht verlangt. Der Schritt in die Gosse ist nicht mehr weit, der Abgrund nah. Oder etwa nicht?

Unübertrefflich günstig für schwarze Gedanken ist schließlich die Vorstellung, wie alle anderen Menschen auf der Welt in diesem Augenblick leben – und das heißt *sich lieben* und nichts anderes.

E. M. Cioran, der rumänisch-französische Verfasser außerordentlicher Aphorismen, rät: »Man soll nicht mäßig bedrückt sein, sondern melancholisch bis zum Exzess, ganz extrem betrübt. Dann nämlich setzt eine heilsame biologische Reaktion ein.«

Tatsächlich lohnt sich der Versuch. Dem Negativen ein Ventil zu geben, ist hochgradig bekömmlich. Weinen, schreien, jammern und fluchen, dass die Wände wackeln. Je dramatischer und lauter die Klagen werden, desto besser.

Irgendwann wird sich das Ganze übertrieben anhören. Eigentlich sogar ziemlich lächerlich. Sie werden sich ein bisschen schämen. Aber es ist ja keiner da, also kann man das mit dem Schämen auch sein lassen.

Wenn Sie später die Schnittwunden versorgt haben, die Sie sich beim Aufsammeln der Scherben einiger Vasen oder Parfumflakons geholt haben, werden Sie erschöpft, aber auch erleichtert fragen, was das alles soll. Mancher hat sich da schon geschwächt, aber durchaus auch gestärkt sein verquollenes Gesicht im Badezimmerspiegel betrachtet und nicht unbelustigt beschlossen, dass etwas anders werden müsse.

Die früher so sadistische Hexe Einsamkeit hat daraufhin viel von ihrer dramatischen Wirkung verloren. Sie erscheint plötzlich verjüngt, ganz patent, nicht unsympathisch.

Alles schön und gut. Aber jetzt beginnt die Phase der Auseinandersetzung mit ihr. Was sage ich: Auseinandersetzung? Es wird vielmehr ein Kampf bis aufs Messer. Da Sie wissen, dass Sie höchstwahrscheinlich siegreich daraus hervorgehen werden (allein schon dadurch, dass Sie den Kampf aufgenommen haben), können Sie ganz beruhigt sein.

Also sagen Sie zu ihr – ruhig laut, denn es ist immer noch niemand da, der Sie hören könnte: Zeig dich! Komm raus aus deiner Ecke! Trau dich nur her zu mir! Wollen mal sehen, wer hier der Stärkere ist! Ich jedenfalls fürchte mich nicht!

Sie können dabei ein wenig mit geballten Fäusten umhertänzeln wie die Boxer im Ring. Jetzt kommen Sie in Fahrt. Sie wandeln Ihre Angst in Taktik um und nutzen die Kraft des Aggressors zum Rückschlag. Packen Sie die Einsamkeit mitsamt ihrer vermeintlichen Trostlosigkeit und werfen Sie sie auf den Boden. Da liegt sie, auf dem Rücken. Nicht tot, aber ausgezählt. Eine jämmerliche Gestalt.

Und dann reichen Sie ihr die Hand und helfen ihr wieder auf die Beine: »Von jetzt an, liebe Sparring-Partnerin, führe *ich* das Kommando, und *ich* habe die Kontrolle über dich.«

Ich versichere Ihnen, die besiegte Einsamkeit wird gehorchen und sich künftig bemühen, ihre besten Seiten herauszukehren.

Netter Nebeneffekt: Die besten Seiten der Einsamkeit, weitab von Larmoyanz und Melancholie, werden auch *Ihre* besten Seiten, liebe Leser, herauskehren.

Und welche sind nun
die besten Seiten des Einsamen?

Menschen sind allein (und fühlen sich einsam), weil:
- sie keinerlei Verwandte mehr haben,
- sie von weit her, aus einem anderen Kulturkreis kommen,
- ihre Familie ausgerottet wurde,
- sie sich einer entstellenden Krankheit schämen,
- Armut sie in die Isolierung treibt,
- ein körperliches Leiden ihnen jede Zuversicht genommen hat.

Das sind leider auch Gründe für Einsamkeit. Es sind tatsächlich gute Gründe, wenn auch die schlimmsten. Dann aber gibt es bekanntlich noch eine Menge anderer:

Ehrgeiz, der nicht nur Hornhaut auf den Ellbogen macht. Auch Scheuklappen scheint der Karrierist zu tragen, wo doch der Mitmensch meistens im Wege steht auf der Straße des Erfolgs. Also schränkt man die Sicht auf die anderen wohl am besten ein. Bald sind sie kaum mehr zu erkennen. Schließlich sind sie ganz verschwunden. War da jemand?

Neid und Missgunst können ebenfalls einsam machen. Wenn der scheele Blick auf Zufriedenere, Glücklichere, Lebensfrohere fällt und dabei immer von neuem schmerzt, vermeidet man ihn tunlichst. Man schaut nicht mehr hin. So gerät die Mitwelt langsam, aber sicher aus dem Blickfeld.

Und wer glaubt, sowieso niemandem auf dieser Welt vertrauen zu können, sieht als einzigen Ausweg nur den totalen Rückzug aus dem »verlogenen« Miteinander. So jemand hat häufig als »einzigen Freund, dem ich vertrauen kann« eine Schildkröte, eine Tarantel im Terrarium oder ein Bonsaibäumchen.

Und dann haben wir noch die unübersehbare Menge jener Einsamen, die einsam sind, weil ihnen zum Gegenteil von Einsamkeit einfach die Begabung fehlt: die Untalentierten für Kommunikation, die Stümper in Sachen Kontaktaufnahme, die Hasenherzigen ohne Neugier, die Beschränkten in emotionaler und Versager in sozialer Intelligenz.

Nach Auflistung der schlechten Seiten schlimmer Vereinsamter nun endlich zu den guten Seiten zufriedener Einzelgänger.

Tristesse und Verbitterung können bald ein Ende haben. Was diese Leute aus ihrer Isolation holen kann, ist genau dies: ihr Alleinsein.

Die große Chance, die lange erwartete Erlösung, halb *Deus ex machina*, halb Sponsor steht vor der Tür – und zwar innen: Es ist ihre Einsamkeit.

Niemand hat so viel Zeit, darüber nachzudenken, warum er allein ist, wie der Einzelgänger. Niemand wird so wenig davon abgelenkt, in sein Inneres zu horchen. Dem Alleinlebenden stehen alle Möglichkeiten, zu sich zu finden, offen. Er ist privilegiert. Auf jeden Fall ist seine Einsamkeit nicht nur eine luxuriöse Lebensform, sondern auch eine komfortable Basis, um die Lebensqualität zu heben und zur Lebenskunst zu verfeinern.

Ganz unterschiedliche Leute haben diesen Luxus erkannt:

»Ein Hauptstudium der Jugend sollte sein, die Einsamkeit ertragen zu lernen, weil sie eine Quelle des Glückes und der Gemütsruhe ist« (Arthur Schopenhauer).

»Um die Einsamkeit ist's eine schöne Sache, wenn man mit sich selbst in Frieden lebt und was Bestimmtes zu tun hat« (Johann Wolfgang von Goethe).

»Um glücklich zu sein, darf man sich nicht zu sehr mit seinen Mitmenschen beschäftigen« (Albert Camus).

»Es gibt doch nur *ein* Glück: im wesentlichen allein sein« (Gottfried Benn).

Die Chancen stehen gut. Die Möglichkeiten sind vielfältig. Die Auswahl ist groß. Das Angebot bunt.

Die meisten Meister der Solitüde berichten von explodierender Kreativität, neuem Gefühl für Gläubigkeit und Spiritualität, beeindruckenden Erfahrungen im Geistigen, von grenzenloser Freiheit, einer überwältigenden Menschenliebe und dem guten Gefühl von Geborgenheit, die sie in sich selbst gefunden haben.

Die Kreativität
am Beispiel des Schreibens

Wenn Sie malen, obwohl sich das Museum of Modern Art noch nicht an Sie gewandt hat,

wenn Sie vor dem Klavier sitzen und Ihr »In The Mood« nach wie vor wie ein altdeutsches Volkslied klingt,

wenn Sie dichten und Ihre Freunde bei Ihren Lesungen prustend vor Lachen das Wohnzimmer verlassen,

wenn Sie mit den Resten aus dem Kühlschrank versuchen, eine neue exotische Speise zusammenzubrauen,

wenn Sie sich als Schriftsteller fühlen, Ihr Roman aber nicht über die Seite fünf hinweg gedeihen will –

dann sind Sie dennoch ein mutiger, zu respektierender Mensch, der in Maßen beziehungsweise in seinen Grenzen *kreativ* ist. Der von der Masse anerkannte Erfolg ist nicht wichtig. Lassen Sie sich nicht beirren von all den Leuten, deren künstlerischer Anspruch sich im Aufsuchen von aktuellen Theaterstücken, dem Durchlaufen von angesagten Ausstellungen und dem Weglesen eben erschienener Bestseller zeitigt.

Sie indessen sind schöpferisch tätig. Sie erschaffen etwas und *tun* selbst, anstatt zu *konsumieren*, was andere tun.

Und Sie selbst wissen ganz genau, was Sie dazu vor allem brauchen, was eine Grundbedingung für Kreativität ist: Rückzug, Stille, Selbstvergessenheit. Einsamkeit!

Der chinesische Dichter Li-Tai-Pe hat es im achten Jahrhundert n. Chr. in seinem Gedicht »Selbstvergessenheit« beschrieben:

»Der Strom – floss,
Der Mond vergoss,
Der Mond vergaß sein Licht – und ich vergaß

Mich selbst, als ich so saß
Beim Weine.
Die Vögel waren weit,
Das Leid war weit,
Und Menschen gab es keine.«

Hermann Hesse lässt in »Der Dichter« einen seine Einsamkeit
schätzenden Poeten sagen:

»Nur mir dem Einsamen
Scheinen des Nachts die unendlichen Sterne,
Rauscht der steinerne Brunnen sein Zauberlied,
Mir allein, mir dem Einsamen
Ziehen die farbigen Schatten
Wandernder Wolken Träumen gleich übers Gefild.«

Knapper stellt Gotthold Ephraim Lessing fest:

»Die Musen verlangen Einsamkeit.«

Schreibende Menschen haben es nicht gern, wenn man ihnen
dabei über die Schulter schaut. Angeblich gibt es zwar auch den
Schriftsteller, der nur im Klirren von Tassen und Stimmen inmitten bevölkerter Kaffeehäuser seine Einfälle zu Papier bringt
oder im Dunst der Kneipe Kleinode der Literatur auf Bierfilze
notiert. Zur Reflexion eines Geistesblitzes aber bedarf es der
Abgeschiedenheit.

Immer wieder erzählen Schriftsteller von den äußeren Umständen ihrer Tätigkeit.

Der türkische Autor Orhan Pamuk: »Ich will nur schreiben,
sonst nichts. Draußen, fernab von meinem Schreibtisch, bin ich
konfliktscheu und meide die Menschen. Ich liebe die Einsamkeit. Der Beruf des Schriftstellers ist der Beruf der Einsamkeit.«

Sobald Pamuk seine selbst gewählte Isolation zu isoliert wird,
bricht er auf: »Wenn Sie unglücklich sind und wissen, dass nicht

nur Sie, sondern alle Menschen einsam sind, müssen Sie spazieren gehen in der Stadt, die Sie lieben. Sie werden glücklicher wieder in Ihre Wohnung zurückkehren.«

Das Alleinsein wird gern beschrieben.

Zu den großen einsamen Wölfen der Literatur, die auch immer wieder ihre eigene und ihrer Protagonisten Einsamkeit schildern, zählen Hermann Hesse und Rainer Maria Rilke, Francesco Petrarca und Jean-Jacques Rousseau, Bruce Chatwin und Friedrich Nietzsche, Henry David Thoreau, Knut Hamsun, Marlen Haushofer, Gottfried Benn, Annie Proulx, Christoph Ransmayr, Antoine de Saint-Exupéry, Paul Theroux, Michel de Montaigne – um nur ein paar zu erwähnen. Es sind Romanciers, Philosophen, Reiseschriftsteller, Lyriker.

Und es ist zum Beispiel auch Munro Leaf, der in seinem Kinderbuch »Ferdinand« die Geschichte eines jungen Stiers erzählt, der ums Verrecken nicht dazu bewegt werden konnte, mit anderen jungen Stieren herumzutollen, die Kräfte zu messen und an Stierkämpfen teilzunehmen.

»Er saß am liebsten einfach ruhig da und beschnupperte die Blumen«, schreibt Leaf. »Seine Mutter, eine Kuh, machte sich manchmal Sorgen um ihn. Sie fürchtete, er könnte sich einsam fühlen so ganz allein.« Nach vielen Wirrungen endet das Buch damit, dass der vierbeinige Einzelgänger endlich wieder allein unter einer Korkeiche sitzen und an den Blumen schnuppern darf.

Das kleine Buch verkaufte sich allein in Amerika zweieinhalb Millionen Mal.

Daniel Defoes »Robinson Crusoe« ist neben »Ferdinand« ein weiterer Beweis dafür, dass über Einsamkeit nicht nur gern geschrieben wird – sondern auch gern gelesen wird. Millionenfach.

Beobachter auf einer abgelegenen Vogelwarte, Leuchtturmwärter oder Nachtwächter arbeiten ziemlich isoliert. Wer aber schreibt, hat einen der einsamsten Jobs.

Dichter und Schriftsteller sind Eigenbrötler. Ihre Beschäftigung ist eine extrem verlassene. Bei den meisten Berufen kommen die Anforderung oder der Auftrag oder die Präsenz des Gegenübers einem auf halbem Wege entgegen. Ein Autor jedoch muss den ganzen Weg allein und aus eigener Kraft und aus *einer* Richtung vom Anfang bis zum Ende gehen; von keiner zweiten Kraft gezogen, geschoben oder gefordert.

Eine erfolgreiche Romanautorin gestand mir einmal:

»Manchmal würde ich gern in einem Großraumbüro sitzen. Vielleicht in einer Zeitungsredaktion. Über die Stellwände hinweg jemandem etwas zurufen können. Mit einer Kollegin über eine andere klatschen. In der Teeküche plaudern. Sich für abends verabreden. Und fragen können: Wie geht's dir heute? Sag mal, wie findest du diesen Satz? Kann man das so schreiben? Hast du eine Kopfwehtablette? Und auch einfach mal was loswerden wie: Mensch, ich muss dir erzählen, was mir heute passiert ist! Oder: Schau mal, das ist das neueste Foto von *ihm*!«

Sie seufzte sehnsüchtig.

Dann sagte sie: »Aber nach einem solchen Tag würde ich mich nach meiner Einsamkeit sehnen! Nur ganz allein kann ich gut schreiben. Und nur ganz allein bin ich wirklich glücklich.«

Und der Laie, der gern schreibt? Tagebucheintragungen, Notizen zu Überlegungen, Gedankensplitter, damit sie nicht verloren gehen, einen Reisebericht, um sich zu erinnern, nie abgeschickte Liebes- oder Drohbriefe und vielleicht sogar mal einen Vierzeiler?

Auch er braucht die Einsamkeit.

Und die Einsamkeit braucht ihn.

Wie das?

Einsamkeit hat nämlich die spannende Eigenschaft, zu fordern und aufzustacheln. Sie hat nicht wenige Einzelgänger so angetrieben, dass aus ihnen weltbekannte Künstler wurden.

Wer eine Zeit lang allein ist, Stunden oder noch besser Tage, wer seine Papiertaschentücher und Schnapsflaschen aufgebraucht hat und wer damit beginnt, auf sein Inneres zu achten, der vernimmt nach einer angemessenen und überaus fruchtbaren Zeit der Langeweile ein seltsames Drängen. Was da drängt, ist eine Art Sehnsucht, die in der Seele rumort und heraus möchte. Sie randaliert im Verein mit der Phantasie. Sie will endlich zu Taten herangezogen werden.

Um es kurz zu machen: Sie möchte, dass man kreativ wird. Etwas niederschreiben oder aufzeichnen, in Farben kleiden oder in Musik umsetzen. Vielleicht ist das ja der Beginn einer wunderbaren Freundschaft zwischen Ihnen und Ihren künstlerischen Fähigkeiten.

Nutzen Sie die Chance! Unterdrücken Sie diese Impulse niemals! Vergessen Sie Ihre Flucht in die nächste Single-Bar! Und sagen Sie der einsamen Freundin, die sich mit Ihnen als Leidensgenossin zu einem weinerlichen Abend verabreden möchte, sie solle sich gefälligst allein auf den Weg machen! Sie jedenfalls haben Besseres vor!

Einsame erfinden die originellsten geistigen Tätigkeiten. Ein wunderbares Spiel, die Phantasie auf Trab zu bringen, hat auch mit Wortschöpfungen zu tun, beziehungsweise mit deren Erweiterung. Beginnen Sie Ihre Zukunft als schreibender Mensch mit einem einzigen Wort (falls Ihnen nicht schon ein 600-Seiten-Roman auf den Nägeln brennt).

Und das geht so:

Wer ein Buch liest, verbraucht und genießt den Inhalt, die Form oder beides. Die Bedürfnisse des Lesers und die Art des Buches werden es ihm schon diktieren. Er lässt sich dann zum Beispiel fesseln oder einlullen, belehren, rühren oder anregen.

Anregen wozu?

Zum Weiterspinnen oder Nachmachen, zum Vermeiden oder Assoziieren. Genau dort beginnt oft die eigentliche Freude am Buch. Und was hier für die Lesenden gilt, gilt auch für die Schreibenden.

Was zum Beispiel vergällt dem einsamen Leser so oft die nachfolgende Verfilmung? Es sind die Entscheidungen des Besetzungsbüros, die nie und nimmer mit den bisherigen Vorstellungen übereinstimmen können. Und es ist die Umsetzung des Regisseurs. Wieso sollten außerdem Garderoben, Licht und Ton die eigenen, inneren Bilder treffen? Es ist also die gnadenlose Sichtbarmachung von bislang ureigenem, ja geheimem Wissen um die gelesenen Dinge. Das visuelle Ausplaudern, der offenbarende Verrat enttäuschen zwangsläufig. Und seien sie noch so genial.

Der Reiz ist weg, den sich der einzelne Leser selbst geschaffen hatte und der, weil in keinen Rahmen gepresst, grenzenlos war. Dank seiner Phantasie bleibt allein der Lesende handlungsfähig, wo der Cineast höchstens kritikfähig ist. Der Leser kontrolliert jede Szene, jede Situation. Seine Möglichkeiten, seine Macht und sein Genuss können sich zu Höchstform steigern.

Einem Schreiber kann es genau so gehen. Warum also eine solche Lust nicht auf die Spitze treiben?

Beginnen Sie mit einem Wort, einem Satz. Dem begabten Phantasten, dem Träumer und Denker steht die ganze Welt seiner Illusionen und Visionen offen. Ein Losungswort nur, ein Satz, eine beiläufige Formulierung – und schon kann der Höhenflug beginnen.

Unser einsamer Spieler deutet also auf irgendein Wort in einem Buch oder einer Zeitung – ohne hinzuschauen. So wie man einen Globus dreht, anhält, blind einen Punkt berührt und sich dann eine Reise dorthin ausmalt. Talentierte Kinder tun das übrigens gern. Sie sind ja auch oft und zur Beunruhigung ihrer Eltern nicht nur Teil einer herumtollenden, wilden Horde, sondern auch versunkene, gedankenverlorene, glückliche, einsame Spieler.

Ein vereinzeltes Wort nun kann unendlich viel entstehen lassen: Erinnerung und Hoffnung, Ekel und Reue, Dankbarkeit und Wut, Ruhe und Erotik, Geborgenheit und Heiterkeit. Das bloße Wort kann aus Gefühlen Gefühlsstürme und aus Gedanken Gedankenketten werden lassen. Kenner geben dafür jedes Fernsehprogramm her.

Welche Schlüsselwörter brauchen wir zum Anwerfen dieser Maschinerie der Phantasie? Es sind Wörter, die etwas in uns zum Klingen bringen. Das können reiche und arme Wörter sein; ganz kleine oder auch bedeutende; schwer wiegende oder seichtere; manchmal auch ein paar von ihnen zusammen genommen. So werden selbst die harmlosesten, alltäglichsten Begriffe zu magischen Symbolen und Metaphern; fordernd und verführerisch, richtungweisend und trächtig.

Ein Reizwort, eine Stimmung. Wenn daraus dann auch noch eine Geschichte wird, eine ganz persönliche, intime – dann ist der Zauber gelungen.

Was Wörter können? Gelesene oder selbst formulierte?

Sie können an einem trüben Morgen das Motto für den Tag sein.

Sie können einem Bedürfnis nach Ausweitung und Überhöhung, nach Tagtraum und Überflug entgegen kommen. Dem Abheben steht dann nichts mehr im Wege.

Neugier kann durch Worte befriedigt werden: im Gedächtnis wühlen, sich früherer Konfrontationen mit diesen Wörtern oder Sätzen erinnern, überprüfen, wie man heute dazu steht.

Dem traurig Gelaunten, der sich nach einem Ventil für seine unbestimmte Unlust sehnt und einen Sinn sucht, können Wörter vielleicht einen solchen finden lassen.

Der Einsame kann, leicht und frei und zufrieden, sich ein Wort suchen, sein Talent zu gelassener Euphorie nutzen und noch ein paar Schritte weiter in den neuen Raum seiner hellen, lichten Gedankenwohnung hinein gehen.

Vielleicht braucht der Vereinzelte aber auch nur einen Halt oder eine Schaukel, ein Katapult, einen Kanal oder ein Gleis. Dies alles vermag ein Wort zu sein.

Lesen und schreiben, über beidem innehalten und nachdenken, das ist für den Gesammelten ein Mittel zur Zentrierung. Er lässt sich überraschen und beschenken von all dem, was da aus ihm selbst zögernd oder auch wortreich hervorbricht.

Und wenn Ihre Familie stört? – Schicken Sie die Kinder ins Internat und reichen Sie die Scheidung ein (Ratschlag eines amerikanischen Bestsellerautors, dessen Name ich vergessen habe).

Einsamkeit und
religiöses Gefühl

»Ein Hase sitzt auf einer Wiese,
Des Glaubens, niemand sähe diese.

Doch, im Besitze eines Zeißes,
Betrachtet voll gehaltnen Fleißes

Vom vis-à-vis gelegnen Berg
Ein Mensch den kleinen Löffelzwerg.

Ihn aber blickt hinwiederum
Ein Gott von fern an, mild und stumm.«
Christian Morgenstern

Ich habe schon Leute kennen gelernt, die nach tagelangen Alleinmärschen durch die Sahara zum ersten Mal in ihrem Leben über Gott reden wollten.

Ich weiß von einem atheistischen Misanthropen, der nach fünf Wochen, die er auf einer kaum bewohnten griechischen Insel verbrachte, mit den Worten zurückkehrte: »Die Abneigung gegen Menschen ist geblieben. Über die andere kann man ja mal sprechen.«

Klöster haben Zulauf, wenn auch nicht unbedingt von Mönchen und Nonnen, so doch von zahlenden Gästen, die ein bisschen Stille und Einsamkeit tanken wollen. Nicht wenige von ihnen haben seit ihrem Abiturgottesdienst keine Kirche mehr aufgesucht. Danach aber planen sie vor dem sonntäglichen Golfspiel auch mal den Besuch einer Messe ein.

Und der alte Waldschrat von Holzfäller, der mich auf meiner Alm besuchte, meinte nach dem dritten Schnaps: »Irgendwie ist man hier heroben dem Herrgott ein bisschen näher.«

Wieso fördert Einsamkeit Frömmigkeit?

Es gibt viele Erklärungen. Die Theologen, die Psychologen, die Philosophen, sogar die Historiker – jede Disziplin kann Beiträge leisten. Mönche, Eremiten, Asketen, der Einsiedler-Orden der Kartäuser, die Klause, dann die kontemplativen Birgittinnen, Einsamkeitsgelübde, die Propheten in der Wüste – Beispiele für religiöse Rückzüge gibt es genug. Die großen Religionsgründer allen voran: Jesus in der Wüste, Buddha unter seinem Baum, Mohammed in der Grotte.

Wir beschränken uns auf die Beobachtung und die Erfahrung.

Wer von wenig oder nichts abgelenkt wird, hat nicht nur Zeit, sondern auch Raum ergattert. Frei-Zeit und Frei-Raum möchten angefüllt und ausgestattet sein. Eine lichte Leere wartet. Die Seele wird weit. Alle Zwänge der Kommunikation sind entfallen. Von Gemeinschaften und Gemeinsamkeiten hat man sich vorübergehend verabschiedet. Die Umwelt hat uns frei gelassen.

Dann warten wir. Bald drängen sich Fragen auf. Das Nachdenken beginnt. Und es ist niemand da, der sagt: »Is' was? Warum sitzt du denn so schweigend da?«

Stattdessen kann es sein, dass man urplötzlich das Gefühl hat, doch nicht allein zu sein. Und Christian Morgenstern und sein oben zitiertes Gedicht vom Hasen auf der Wiese fallen einem ein.

Der Rest ist ein gutes Gefühl von Geborgenheit und Aufgehobensein und, wenn es nicht so ketzerisch klingen würde, eine gewisse freundschaftliche Kumpanei mit jemandem, der auch ziemlich allein dort oben sitzen dürfte.

Den Rest des Abends verbringt man einigermaßen andächtig. Vielleicht sogar den Rest des Lebens.

Es gibt Augenblicke, da möchte selbst der Vereinzelte zu jemandem so etwas sagen wie: »Mannomann, ist das schön hier! Das ist ja der reine Wahnsinn! Mensch du, dank dir!« Aber da er das ganz sicher nicht zu jemandem neben sich sagen möchte und kann, an wen wendet er sich dann? Da weiten sich die Möglichkeiten der Ansprechpartner doch ein wenig aus und in andere Sphären hinein.

Manche nennen allein schon die Dankbarkeit, die sich in der Einsamkeit einstellen kann: *beten*. Dazu braucht man nicht unbedingt einen Kirchenraum aufzusuchen, die Hände zu falten oder auf die Knie zu sinken.

Ein Jurastudent erzählte mir:

»Wenn ich bete, verfliegt das Traurige der Einsamkeit. Wenn ich bete, bin ich nicht allein. Ich wende mich an jemanden, und obwohl er nicht antwortet, fühle ich mich verstanden und einfach gut aufgehoben.«

Eine Pianistin berichtete:

»So eine Art von Beten begleitet mich unbewusst eigentlich den ganzen Tag über. Es ist wie das Wissen um jemanden, der immer da ist. Und manchmal richte ich eben das Wort an ihn. Am liebsten abends und auch nur, wenn ich allein bin; das ist die Grundvoraussetzung. Das renkt die Verwerfungen des Tages wieder ein. Das schafft Ordnung nach einem Tag unter vielen Leuten. Und ich kann beruhigt auf alles Kommende schauen.«

Der Besitzer einer Gärtnerei sagte:

»Ich bete sogar, wenn ich abends noch manchmal allein und ohne meine Angestellten in den Gewächshäusern bin. Das Alleinsein ist für mich wichtig. Dann finde ich Distanz zu den Menschen und Annäherung an Gott. Das gibt mir ein gutes Gefühl von Unabhängigkeit und Freiheit.«

Zur religiösen Haltung gehört eine Art demütiger Gelassenheit. Weltschmerz und Larmoyanz vieler Vereinzelter aber deuten auf ein gestörtes Verhältnis zu demütiger Gelassenheit hin; und damit zu Lebensklugheit, Lebenskunst und Lebensfreude, die zu einem geglückten Leben gehören – egal, ob man seine Jahre allein oder zu zweit oder in einer Familie verbringt.

Das ist übrigens auch die Haltung der Weisen, gleich welcher Religionsgemeinschaft sie angehören. Das geglückte Leben haben unlängst Berliner Forscher unter die Lupe genommen. Sie erstellten einen Katalog von fünf Kriterien für »Weisheit«, der eine Grundvoraussetzung für geglücktes Leben sei:

1. Reiches Faktenwissen über Lebensverlauf und Lebenslagen
2. Reiches prozedurales Wissen über Lösungsstrategien für Lebensprobleme
3. Kenntnis von Lebenskontexten und ihre entwicklungsmäßigen Bezüge
4. Wissen um die Unterschiede in Werten und Prioritäten
5. Wissen um die relative Unvorhersagbarkeit des Lebens und der Art, damit umzugehen.

Zurück zu Sahara und griechischer Insel und Berghütte. Es ist natürlich auch das Naturerlebnis, das die Alleingeher sensibel macht. Offen gegenüber dem Erleben und gespannt auf die eigenen Reaktionen, neugierig auf Empfindungen des Selbst und das eigene Verhalten harren sie der Dinge, die da kommen. Die Auseinandersetzung mit der Schöpfung gehört fast immer dazu.

Gottfried Keller schrieb im Juni 1837 an einen Freund:

»Ich kann nicht begreifen, wie gewisse Leute Anspruch auf Geistesbildung oder auf Seelengröße und Charakter machen wollen und doch nicht das mindeste Gefühl für das Alleinsein haben. Denn die Einsamkeit, verbunden mit dem ruhigen Anschauen der Natur, mit einem klaren, heiteren Bewusstsein seines Glaubens über Schöpfung und Schöpfer und verbunden mit einigen Widerwärtigkeiten von außen, ist, ich behaupte es, die einzige wahre Schule für einen Geist von edlen Anlagen.«

Der weltberühmte japanische Gartenarchitekt Shunmyo Masuno sagt über die Natur: »Zen-Gärten umarmen einen mit Stille. Sie sind ein Raum, in dem man seine Menschlichkeit wieder findet. Bäume und Steine haben für Japaner eine Seele.« Masuno findet in der Natur »die Essenz der Dinge«. Aber der Mann ist schließlich nicht nur Architekt, sondern auch Zen-Mönch.

Und wenn man nun in der Einsamkeit den Schauder ungewohnter Andacht kennen gelernt hat, was dann?

Bert Hellinger, Analytiker und Autor, schildert die Verzahnung von Religion und Alleinsein so:

»Die religiöse Bewegung geht auf eine Höhe zu, auf einen Berg hinauf. Unten im Tal sind wir nah bei den anderen, innig und eng, vielleicht auch glücklich. Wer auf den Berg geht, wird, je höher er hinaufsteigt, umso einsamer. Doch er hat einen weiten Blick und ist mit viel mehr verbunden als im Tal. Mit viel mehr. Aber nicht innig. Nicht wie ein Kind zur Mutter, sondern in die Weite hinaus. Das ist Sterben auf eine gewisse Weise und Größe. Wer, wenn er oben war, ganz alleine und einsam, dann hinuntersteigt ins Tal, dem leuchtet sein Gesicht.«

Wenn die gängige Ansicht stimmt, dass Gott in uns ist und wir in Gott sind – dann ist das Bedürfnis, in der Einsamkeit sich selbst zu finden nicht allzu weit entfernt von dem Bedürfnis, Gott zu finden.

Das *peak experience*

Es ist leider schon ein paar Jahre her.

Wahrscheinlich war es eine einmalige Sache.

Vielleicht geschieht es nie wieder.

Aber ich bin dankbar, es überhaupt erlebt zu haben.

Es dauerte nur einige Minuten (glaube ich wenigstens).

Aber es änderte mein Leben.

Später las ich darüber. Andere haben es also auch kennen gelernt. Man nennt es heute auf der ganzen Welt *peak experience;* eine Art Gipfel- oder Spitzenerlebnis, eine Grenzerfahrung. Eigentlich aber lässt es sich nicht benennen. Im Grunde lässt es sich auch nicht beschreiben. Versuchen will ich es dennoch.

Ich saß auf einem Baumstumpf an einem Waldrand. Der Blick ging bis zu der entfernten Bergkette. Davor hügelige Wiesen.

Ich war allein. Es war still – bis auf das Summen, das über sommerlichen Wiesen und Waldrändern liegt wie akustischer Samt.

Die Luft bewegte sich in langsamen, warmen Wogen, die im gleichen Rhythmus meiner Atemzüge zu kommen und zu gehen schienen. Ich merkte, dass ich mit der Umwelt pulsierte. Ich selbst wurde zu der Luft und dem Summen und der Wärme. Ich wurde die Umwelt.

Und dann wurden Grenzen aufgehoben und Schranken zerbrachen, Dämme stürzten ein, ich zerfloss. Ich löste mich auf eine für mich unbeschreiblich schöne Weise auf. Ich war nach wie vor da, auf meinem Baumstumpf. Aber ich war zugleich im Weltall. Ich war Teil des Kosmos geworden, Teil der Schöpfung, Teil allen Lebens und aller Dinge und auch aller eventuell nicht seienden Dinge. Das mögen Philosophen erörtern. Mir war und ist das egal.

Ich spürte eine Gleichzeitigkeit mit allem, was in dieser Sekunde rund um den Globus und darüber hinaus geschah. Ich hatte keine Frage gestellt. Welche auch? Aber ich hatte eine Antwort bekommen. Nur auf was? Aber auch das war nicht wichtig.

Ich hatte aufgehört, als Einzelne und als Mensch zu existieren, und fühlte mich jedem australischen Wurm und jeder Flechte in der sibirischen Tundra verwandt. Mehr noch: Ich wurde selbst zu Wurm und Flechte.

Wurm und Flechte?

Und das soll angenehm sein?

Es war das angenehmste Gefühl, das ich in meinem Leben gespürt habe.

Es ordnete mich ein und entließ mich zugleich in die umfassendste Freiheit. Es nahm mich in die Pflicht und entband mich gleichzeitig von allen Zwängen. Es löste mich aus allem heraus und schenkte mir dennoch eine Geborgenheit, die man im Alltag niemals finden würde. Es war zugleich Ekstase und die höchste Stufe inneren Friedens. Die Intensität schmerzte und wurde im selben Augenblick geheilt.

Es war die Auflösung in die pure Freude hinein.

Der amerikanische Analytiker Abraham H. Maslow, der 1970 starb, hat sich mit dem Erleben des so genannten *peak experience* lange Zeit beschäftigt. Er hat Menschen befragt, die eine solche Erfahrung gemacht hatten.

In ihren Beschreibungen und Deutungen fielen immer wieder Begriffe wie »Ehrfurcht«, »Wonne« und »plötzliche Gefühle intensivsten Glücklichseins«. Manche Leute berichteten von einer Erkenntnis »letztlicher Wahrheit« oder von der »Essenz aller Dinge«. Andere sagten, sie hätten mit einem Mal jegliche Furcht verloren, sämtliche Ängste, Zweifel und Hemmungen.

Maslow bemerkte an diesen Menschen einen »therapeutischen Erfolg« des *peak experience,* einen Lerneffekt, was die Fähigkeit zum glücklichen Bewältigen des Lebens betrifft. *Peak experiences* würden die Augen für den Wert des Lebens öffnen. Und jede dieser Erfahrungen hätte die Sicht der Leute auf sich selbst verändert.

Danach waren sie nachdenklicher und bescheidener, ihre Blickwinkel hatten sich erweitert, ihre Sinne geschärft. Sie waren zu mehr Ehrfurcht gegenüber etwas fähig, das manche *Gott* nannten, andere *Schöpfung* oder *Natur* oder *Ordnung*. Sie erkannten und tolerierten mehr als vorher. Sie konnten über sich hinaus denken. Ihre Haltung zu sich selbst und zu ihren Mitmenschen hatte sich gewaltig verbessert.

Wer diese Art von Ereignis und Wendung erlebt, ist keinesfalls ein irgendwie begnadeter Mensch. Und es ist nicht die Elite der Sensiblen, die Nomenklatura der Gottesfürchtigen oder die Oberschicht der Moralischen, denen ein solches Erlebnis zugänglich ist. Psychopathen und Kriminelle sind bei Maslows Forschungen ebenfalls vertreten.

Wann und wo die außergewöhnlichen Erlebnisse eingetreten sind? Oft in der Natur, oft aber auch in alltäglichen Situationen: während einer Autofahrt oder beim Aufräumen eines Schranks, auf einer Treppe, in der Badewanne.

Und? Kann man sich die sublime Erfahrung irgendwie hereinziehen? Kann man sie abrufen oder erzwingen? Gibt es einen Trick?

Offensichtlich nicht. Aber eines fällt auf: Alle bestätigten, dass sie ihr *peak experience* hatten, als sie *was* waren?

Allein!

Meiden oder
aufsuchen?

Vergeht die Angst vor Spinnen, wenn man einen Raum verlässt,
sobald man eine an der Wand erblickt?

Bekanntlich nicht. Bekanntlich wird aus Grausen Angst und
aus Angst Phobie und aus Phobie eine gute Verdienstmöglich-
keit für den Psychoanalytiker oder gar ein neuer Insasse in der
geschlossenen Anstalt.

Vergeht die Angst vor Einsamkeit, wenn man die Einsamkeit
vermeidet?

»Die Empfindung des Einsamseins ist schmerzlich, wenn sie
uns im Gewühl der Welt, unerträglich jedoch, wenn sie uns im
Schoße unserer Familie überfällt«, schrieb die österreichische
Schriftstellerin Marie von Ebner-Eschenbach im 19. Jahrhundert. Nichts hat sich seitdem geändert.

Wer kennt nicht die Tränen, die bei Silvesterfeiern im kleinen
Kreis zum Befremden der fröhlichen Runde regelmäßig vergos-
sen werden? Irgendjemand weint immer. So genannte fröhliche
Runden, gekoppelt an herausragende Daten, fördern Selbstmitleid und vermeintliche Erkenntnisse und das altbekannte Hoch-
kommen lang verdrängter Konflikte. Fragt man nach, bekommt
man philosophisch vereinfachte Antworten wie: »Frag nicht!«
oder »Sind wir nicht alle letztlich allein auf dieser Welt?«. Wenig
Neues. Aber der Abend ist gelaufen.

Auch der Besucher von Volks- und Faschingsfesten, *love parades*
und Weltjugendtagen, der im Trubel frenetischen Frohsinns Hei-
lung seines schmerzenden Alleinseins sucht, wird sich erstmal hoff-
nungsfroh ins Tohuwabohu stürzen. Um sich später oft enttäuscht
und einsamer denn je nach Hause zu schleppen (selbst, wenn er
jemanden im Schlepptau hat, der in der allgemeinen Verschmelzung Gleichgesinnter ja auch nur einen Abschlepper suchte).

Wer sich vom Gewimmel der Menschheit, die den Erdboden überzieht, angezogen fühlt und einverleiben lässt, wer immer »dabei sein« muss, findet im Gewühl vielleicht eine Art Betäubung seines schmerzhaften Bewusstseins, allein zu sein.

Manche brauchen die leibliche Gegenwart anderer Menschen, möglichst gedrängt, möglichst nah:

»Sie hegen die Erwartung, Nähe erzeuge auch Wärme«, schreibt Richard Sennett in »Verfall und Ende des öffentlichen Lebens«, »Sie streben nach einer intensiven Geselligkeit, doch ihre Erwartung wird enttäuscht. Je näher die Menschen einander kommen, desto ungeselliger, schmerzhafter, destruktiver werden ihre Beziehungen zueinander.«

Es geht auch anders.

Statt zu der vorübergehenden Betäubung, die zum Massenangebot der Scharlatane gehört, greifen immer wieder ein paar begnadete Heiler auf alternative Verfahren zurück. Es handelt sich dabei weder um Ärzte noch um Psychotherapeuten oder Geistliche. Es sind die Künstler (oft zugleich große Einsamkeitskünstler), die andere an ihren Werken teilhaben lassen.

Da wäre zum Beispiel der Amerikaner James Benning, schon über sechzig, der sich in seinen Garten in Südkalifornien stellte, natürlich ganz allein, und den Himmel filmte.

Sein vielfach preisgekrönter Avantgarde-Film »Ten Skies« ist 103 Minuten lang geworden. Er besteht aus zehn Einstellungen, die jeweils zehn Minuten lang dauern. Die Kamera ist unbeweglich. An Ton gibt es nur entfernte Geräusche vom Erdboden, kaum hörbar. Sehr langsam ziehen Wolken, kommen auf oder verschwinden, kaum nachvollziehbar. Manchmal klärt sich der Himmel ein wenig, manchmal entsteht Dunst, kaum wahrnehmbar.

»Ich habe fünfzig Jahre gebraucht, um den Himmel auf diese Weise zu sehen«, sagt der Künstler. Den Besuchern seines Films geht es ähnlich. Für viele ist es ein gänzlich neues Erlebnis, einen Himmel auf diese Weise zu sehen. Besser noch: dabei auch Stille, Langsamkeit, Frieden, Einsamkeit auf solche Weise zu sehen.

Kürzlich lief der Film auf 3sat. Zuerst schwer auszuhalten, schaute ich, bis mir die Augen tränten. Dann schaute ich weg. Dann holte ich mir etwas zu trinken. Dann kontrollierte ich im Badspiegel, ob ich mir die Haare waschen sollte. Dann kontrollierte ich, ob das Küchenfenster geschlossen war. Aber es half alles nichts. Ich kehrte zum Fernsehapparat zurück. Der Zauber hatte begonnen.

Ich blieb die restliche Zeit gebannt und betört vor dem Bildschirm sitzen, zugleich gespannt und ruhig hingegeben.

Etwas an diesem Gefühl kam mir bekannt vor. Es war das Empfinden, das mich in den intensivsten Augenblicken des Alleinseins und der tiefen Stille überkommt.

Benning, der alte Zauberer, der Einzelgänger im wilden Haufen avantgardistischer Filmemacher, hatte es eingefangen.

Die Pop-Sängerin Kate Bush, bekannt als die Eremitin des Showgeschäfts, igelte sich für über zehn Jahre auf einer Insel in der Themse nahe Berkshire ein, lebte abgeschieden, pfiff auf Publicity und brachte danach das weltweit durchschlagende Album »Aerial« heraus.

Der Münchner Künstler Hannsjörg Voth ist – auf andere Art als der Bergsteiger Reinhold Messner – einer der größten Einsamkeitsabenteurer. Er baute in der menschenleeren marokkanischen Wüste mit Hilfe von Nomaden die »Stadt des Orion«, eine Turmanlage aus Lehm, die das Sternbild dreidimensional als Großskulptur auf der Erde darstellt.

Seit zwanzig Jahren lebt und arbeitet Voth in den Wintermonaten dort. Einsam, aber »vom Fluss der Energie getragen«. Wer seine Bildbände, dramatisch fotografiert von seiner Frau Ingrid Amslinger, anschaut und wer seinen Erzählungen zuhört, gerät schnell in einen verlockenden Sog – den Sog in die Einsamkeit.

Voth ist auch der Mann, der sich vor einem Vierteljahrhundert allein auf ein hochgebocktes Floß im Ijsselmeer zurückzog, um dort ein »Boot aus Stein« zu meißeln, das sich später selbst versenken sollte. So ein Mann, der immer wieder in extremer Isolation lebt und arbeitet, ist kein Spinner. Er ist ein Hinweiser, der in schönster Form jene beglückt, die ahnen, wozu es Einsamkeit braucht und was Einsamkeit bewirken kann.

Wer lässt uns noch teilhaben an der heilenden Trance der Stille?

Philip Gröning zum Beispiel. Der Mann hat den Film »Die große Stille« gedreht. Diese wahrlich umfassende Stille herrscht in dem französischen Schweigekloster *Grande Chartreuse* der Kartäuser-Mönche. Es geht um einen der strengsten Orden der katholischen Kirche, der seine Mönche zu intensivem Alleinsein und zum Schweigen verpflichtet. Dort lebte und filmte Gröning fünf Monate lang. Sein Werk zeigt über 162 Minuten hinweg fast nichts als das Schweigen und die vergehende Zeit – in einem angst- und sorgenfreien Schonraum.

»Der Film sollte nicht darüber berichten, sondern den Zuschauer selbst in einen ähnlichen Zustand bringen«, sagt Gröning, »das ist etwas, das ihn glücklich machen wird, wenn er es erträgt«.

Man musste die Gesichter der Leute sehen, die nach fast drei Stunden wieder auf die Straße traten: noch ein wenig entrückt, leuchtend und verzaubert, wie es der Filmer vorausgesagt hatte.

Zuletzt Reinhold Messner, auch eine Art Künstler. Sein vorerst neuestes Buch »Gobi. Die Wüste in mir« ist der Bericht über seinen »letzten Trip«. Zweitausend Kilometer weit ging der über 60jährige, fünf Wochen lang, durch Sand und Stein, fünfzig Kilo auf dem Rücken. Und allein.

»In der Leere dem Nichts entfliehen« können und den daheim Gebliebenen davon erzählen, sie zu einem bequemen Bruchteil Anteil nehmen lassen an Strapazen und Träumen – das zeigt, dass Einzelgänger vielleicht egozentrisch sind. Egoistisch aber sind sie nicht.

Wir sollten diesen Künstlern dankbar sein. Gegen ein geringes Entgelt bieten sie uns eindrucksvoll und ästhetisch und dennoch nicht beschönigend die Sicht auf andere Lebensmodelle.

Noch ein
paar Angebote,
aber anderer Art

Meiden oder aufsuchen? So haben wir im vorigen Kapitel gefragt und uns für das Aufsuchen entschieden.

Nicht genug; wir raten ja sogar immer wieder zum exzessiven Herauskitzeln herzzerreißender Einsamkeitsgefühle, zum Erschnüffeln jeglicher Möglichkeit, sich verlassen zu wähnen; damit es durch Überfluss (an Tränen) zum Überdruss (am Status) kommt. Damit der Allein-durchs-Leben-Gehende letztlich resistent werde gegenüber dem Gift der falschen Vorstellungen über die Einsamkeit. Und immun gegen die Einflüsterungen professioneller Larmoyanz-Experten. Denn da sind echte Könner am Werk.

Der einfühlsame Amateur aus dem Bekanntenkreis schenkt dem Einsamen wenigstens nur Patiencekarten, das schöne Solitär-Brettspiel für eine Person, ein elektronisches Schachbrett für den Alleinspieler oder einen Tischtennisroboter, der die Bälle automatisch zurückschmettert.

Die Profis aber gehen ans Eingemachte, also gleich ins Gehirn. Eine ganze Industrie baut darauf auf. Weltweit bemühen sich begabte Leute, den Einsamen ihr ganzes Elend um die Ohren zu schlagen. Und zwar im wahrsten Sinn des Wortes. Ihre Anstrengungen zielen aufs Ohr. Es handelt sich um die Schlagertexter.

Ich habe in alten Plattenläden gestöbert und in neuen CD-Sammlungen gewühlt. Ein paar Beispiele von Titeln gängiger und populärer Pulsaufschneidelieder:

Paul McCartney: Lonesome Town

Cher: This Is A Song For The Lonely

122

Bayerischer Volksmund: Verlassen bin i, wia da Stoa auf da Strassn

Elvis Presley: Are You Lonesome Tonight?

Charlie Rich: Lonely Weekends

Freddy Quinn: Heimatlos

Axel Zwingenberger mit Big Joe Turner: Lonesome Sundown.

Auch die Beach Boys und die Rolling Stones, Barry Manilow und Britney Spears, Puff Daddy und die Bee Gees besingen und besangen die Einsamkeit. Und vor Jahren tröstete Cliff Richard: »You'll never be alone, 'cause you have lucky lips.«

Wenn's denn so einfach wäre, wird sich da so mancher Schlagerfreund gesagt haben, nachdem er sich die Ohren wund gehört und das Herz wund an diesem Ohrwurm gesehnt hatte.

Der Anteil der Begriffe »lonesome« oder »lonely« im Titel erhöht sich sprunghaft, wenn man auf Country- und Westernsongs achtet. Der Cowboy als *Lonely Man* ist der Prototyp des Einzelgängers beziehungsweise Einzelreiters, vorwiegend in Sonnenuntergänge hinein und mit verhängten Zügeln.

Wo man doch inzwischen weiß, dass die erbärmliche Wirklichkeit oft anders aussah und sich anders anhörte, wenn die unterbezahlten, armen Kerle auch mal bei Dauerregen in schwatzhafter Runde mit ihren bekanntermaßen oft schwulen Kollegen zusammen saßen und Kochrezepte austauschten. Aber das mag man sich ja kaum vorstellen. Also zieht man sich lieber die Klagegesänge der Westerner rein, schön und traurig interpretiert von den Großen der Szene:

Hank Williams: I'm So Lonesome I Could Cry

Don Gibson: Oh, Lonesome Me

Eddy Arnold: Carry Me Back To The Lone Prairie

Johnny Cash: I Heard That Lonesome Whistle.

Ein wenig heiterer, aber niemals penetrant fröhlich oder gar schmissig, sondern immer noch am Rande einer kleinen Melancholie bewegen sich andere Könner: die Barpianisten.

Ich liebe Hotelbars und ihre Musikanten. Dort wird leise geredet oder geschwiegen. Wenn man allein ist, wird man nicht belästigt oder belabert. Man ist anonym und beinahe immer ein Fremder in dieser Stadt. Man ist müde von Besichtigungen oder Besprechungen. Gute Getränke verwandeln Erschöpfung in Entspannung.

Ausgelassene Cliquen sprengen selten das gedämpfte Ambiente einer Hotelbar. Und so kann man den Männern am Klavier auch gut zuhören. Sie kommen uns nicht frohgemut, aber auch niemals rührselig. Mit ihrer Auswahl zwischen den Klassikern »Stormy Weather« und »Sentimental Journey« treffen sie aber doch einen Nerv.

Für die Einsamen, die anschließend in ihre leeren Hotelbetten wanken, sind die Interpreten dieser Wiegenlieder die idealen Sandmännchen.

Feine Psychologie
des Einzelgängers

»Kommen Sie
ohne Begleitung?«
Der einzelne Gast

Übel gelaunte Eigenbrötler, wahrscheinlich alles Onanisten!

Weltfremde Sonderlinge, allein schon die Kleidung!

Verbitterte, alte Jungfrauen mit hungrigem Blick und schmalen Lippen!

Egoistische Hagestolze, die an ihrem Geiz noch ersticken werden!

Zickige Blaustrümpfe, ist doch klar, was denen fehlt!

Ungesellige Junggesellen, garantiert schwul!

Wollen Sie tatsächlich behaupten, Ihnen sei noch nicht aufgefallen, dass die oben angeführten Klischees nicht mehr so oft strapaziert werden – außer an ländlichen Stammtischen in abgelegenen Landstrichen oder in drittklassigen Comedy-Shows, die sich die ländlichen Stammtischbrüder in abgelegenen Landstrichen gern über Satellit reinziehen?

Wie ungesellig ist der fröhliche Einzelgänger wirklich?

Erstmal natürlich sehr ungesellig.

Er sitzt lieber zu Hause und spielt Klavier oder mit seinem Hund, anstatt auf anödenden Einladungen erscheinen zu müssen oder sich ins Tohuwabohu geselliger Partys zu stürzen.

Dann aber können Singles wiederum verblüffend gesellig sein. Wenn sie nämlich nach vier Absagen die fünfte Einladung annehmen, mutieren sie oft zum Star des Abends. Sie sind charmant, heiter, gute Zuhörer und noch bessere Anekdoten-Erzähler. Sie flirten mit der 85jährigen Schwiegermutter der Gastgeberin und scharen die Kinder um sich, die an solchen Abenden noch schwerer ins Bett zu bekommen sind als sonst. Einzelgänger gehen der Gastgeberin zur Hand, weil sie als geübte Allrounder im Alleingang selbst als Mann sämtliche hausfraulichen Tätigkeiten beherrschen.

Gäste ohne Begleitung sind auf Partys überall einsetzbar. Sie spielen dieses Spiel gern mit, ohne dass ihnen, den Souveränen ihrer Solitüde, ein Zacken aus der Krone fiele. Sie opfern sich gern ein bisschen auf. Es muss ja zum Glück nicht für immer sein.

Sie brillieren ohne den tadelnd blickenden Partner. Niemand stößt sie unter dem Tisch mit dem Fuß an, auf dass sie ihre lockeren Sprüche einschränken mögen. Sie müssen nicht die unausgesprochene Drohung »Komm du mir nach Hause!« befürchten. Und sie können gehen, wann sie wollen.

Dummerweise finden alle den Einzelgänger so bezaubernd, dass er zu seinem Befremden bald darauf auch noch von den neu bezauberten Gästen eingeladen wird. Ein Teufelskreis.

Die Tricks dreier mir gut bekannter Einzelgänger:

Eine Alleinstehende sagt nicht wenige Einladungen ab. Und zwar mit immer fadenscheiniger werdenden Ausreden. So dass die Gastgeber es irgendwann einmal merken müssten.

Eine andere meint: »Wenn schon ›mit Begleitung‹ auf der Einladung steht, ist das für mich ein Anlass, ostentativ ohne Begleitung zu kommen, außer vielleicht mit meinem Dobermann.«

Einer hat beschlossen, sich an solchen Abenden nicht mehr nett zu gerieren, sondern tatsächlich den miesepetrigen Menschenverächter zu geben, der mürrisch in der Ecke hockt oder Frauen belästigt und Männer beleidigt. Aber die Rolle fällt ihm schwer, und er meistert sie auch mehr schlecht als recht.

Denn die bewusst Alleinstehenden mögen vielleicht Sonderlinge sein, übel gelaunt sind sie selten. Und so bleiben sie wohl auch künftig die *highlights* jeder Geselligkeit.

Der einzelne Gast befremdete in manchen Teilen der Welt anfangs noch das Dienstpersonal, so lange er weiblich war.

Als ich vor vielen Jahren ein abgelegenes Schweizer Seitental zu Recherchen für ein Drehbuch aufsuchte, ging ich zum Abendessen in das örtliche Gasthaus.

»So allein?«, fragte der Kellner nicht ohne Anzüglichkeit und wollte mir zuerst ein Katzentischchen vor der Toilettentür zuweisen. Wie gesagt, es ist lange her, ereignete sich in der Schweiz und noch dazu in einem Hochtal am Ende der Welt. Heute hat sich der eidgenössische Service längst an einzeln reisende, weibliche Gäste gewöhnt.

Ich ließ es mir schmecken. Außerdem rächte ich mich für des Kellners unbekömmliche Mischung aus Mitleid und Nachlässigkeit, indem ich ausufernd bestellte, die Bestellungen mit Sonderwünschen anreicherte, mir etliche Weinflaschen zeigen ließ, Auskunft über den Unterschied zwischen den angebotenen Rebsorten erheischte und ein fürstliches Trinkgeld gab. Offenbar Verhaltensweisen, die männlichen Gästen vorbehalten waren. Außerdem war ich inzwischen dermaßen mit Tellern, Gläsern und Bestecken, einem Rechaud und einem Weinkühler eingedeckt, dass selbst der große Tisch, den ich verlangt hatte, kaum ausreichte.

Nach dem anfänglichen Wetzen der Klingen endete der Abend harmonisch und heiter damit, dass neben dem Kellner auch noch das Servierfräulein um mich herum wuselte und der Koch und sein Gehilfe immer wieder auftauchten, um zu fragen, wie es gemundet habe.

So befremdend es klingt: Der fröhliche Einzelgänger mag Menschen. Und die Menschen mögen ihn. Er weiß ja, dass er ihnen jederzeit den Rücken kehren könnte, um seine Inseln der Einsamkeit anzusteuern. Das lässt ihn zu einem bedenkenlosen Philanthropen werden. Was nicht der Tatsache widerspricht, dass er auch ein gnadenloser Menschenbeobachter ist.

Immer wieder ein Vergnügen allein auftretender Gäste ist das Betrachten anderer Gäste, sobald diese nicht allein, sondern als Paar auftreten. Da freut sich dann der Einzelgast diebisch und wird den Abend wieder mal dankbar und heilfroh über seinen Status beschließen, wenn er später solo nach Hause geht und in seiner menschenleeren Bude noch die Füße auf den Tisch legt.

Dann ist bei einem einsamen Schlummertrunk der Höhepunkt des Abends für unseren Betrachter gekommen – und er geht die letzten Stunden in Gedanken durch:

Menschen verhalten sich nun mal unterschiedlich, wenn sie allein oder als Paar auftreten. Letzteres nicht immer zu ihrem Besten.

Die »glücklichste Rolle im Leben einer Frau« ist bei weitem nicht ihre Glanzrolle – so wohl sie sich in ihr auch fühlen mag. Häufig endet der gesellschaftliche Paarlauf in einer anödenden Mischung aus dumpfer Sättigung, peinlichem Besitzerstolz und lauerndem Argwohn.

Nicht von den frisch Verliebten ist die Rede, die einem mit ihren Zärtlichkeiten das Herz erwärmen, sondern vor allem von dem etablierten Paar; jenem also, das ein so genanntes glückliches Paar darstellen möchte, was wiederum nur am glücklichen Eindruck erkennbar ist, den es in der Öffentlichkeit macht.

Unser ungebundener Voyeur durfte unlängst mal wieder beobachten, wie Zweierbünde demonstrativ präsentiert werden: Bewusste und unbewusste Bindungszeichen konnten die Protagonisten dieses Schauspiels offenbar kaum unterdrücken.

Man sah einer Gattin bemutternde Dominanzgeste des scheinbar gedankenverlorenen Entfernens imaginärer Fussel vom Ärmel des Herrn Gemahl, während sie jemandem zuhörten, der gerade, sagen wir mal, über den Devisenausgleich sprach. Die Geste besagte erstens: »Ich sorge für ihn.«; zweitens: »Ich darf ihm so nahe kommen.«; drittens: »Finger weg. Der gehört (zu) mir.«

Eine Veränderung anatomischer Art fiel ebenfalls auf. Es war die erstaunliche Verlängerung des Halses. Dabei handelt es sich um ein Phänomen, das auf jeder Einladung beobachtet werden kann. Kaum unterhält sich nämlich der Partner mit einem als Einzelgänger bekannten Menschen, am Ende gar noch anderen Geschlechts, beginnen die Augen argwöhnisch zu suchen. Der Kopf wird dazu gestreckt. Schon bildet sich der so genannte lange Hals.

Auch kennt ein weiblicher Single folgende Situation nur zu gut: Ich bin mit einem Mann in ein Gespräch vertieft. Plötzlich drängt sich eine Frau dazu, hakt sich bei ihm ein und nimmt Blickkontakt zu mir auf. Im besten Fall ermunternd: »Lasst euch nicht stören.« Im schlimmsten Fall eifersüchtig: »Worüber redet ihr denn gerade?« Aha, seine Frau.

Ich hatte den Mann eigentlich nicht verführen, sondern nur über einen gemeinsamen Kollegen und dessen Gesundheitsprobleme reden wollen. Aber das nunmehr als dicht geschlossene Phalanx vor mir stehende Paar lässt mich verstummen. Was wiederum den Argwohn zum Erblühen bringt.

Zurück zu unserem mittlerweile ziemlich müden Heimkehrer. Plötzlich wird er hellwach vor lauter Selbstbewusstsein. Ihm wird klar: Paare benötigen den Einzelgänger.

Denn diese subtilen Signale haben alle eines gemeinsam: Sie brauchen einen Dritten, der sie zur Kenntnis nimmt; einen, der neidisch wird oder bewundern soll oder in seine Schranken gewiesen werden muss oder auf seinen erbarmungswürdigen solitären Status als Single hingewiesen werden kann. Sonst hätten all die physischen und psychischen Zugriffe ja wenig Sinn. Erst die Dreierbeziehung ermöglicht es den Gebundenen, die Menschen an ihrer Seite als Beute, Schmuckstück oder als Komplettierung des eigenen unvollständigen Seins vorzuführen.

Glückliche Paare verkehren zwar vorwiegend mit anderen glücklichen Paaren. Aber immer wieder bitten sie auch einen Single zu sich. Dann nämlich, wenn sie ihn als Katalysator bei schwelendem Zwist brauchen. Ein Verbündeter muss her. Und jeder aus dem Gespann hofft, den ahnungslosen Einzelgänger zu sich herüber ziehen zu können.

Solche Abende sind bei Junggesellen beiderlei Geschlechts beliebt, weil sie da hofiert und abgefüttert werden. Auch mit dem Alkohol wird nicht gespart.

Vielleicht wird den Paargebundenen aber auch klar, wie anregend und freizügig, unabhängig und spannend ein Mensch sein kann, sobald er allein auftritt. Das bisschen Einsamer-Wolf-Blick und das Unberechenbare eines solchen Windhundes nehmen sie gern in Kauf. Und vielleicht will man sich nach beigelegtem Streit nur zum wiederholten Male rhetorisch fragen, ob man nicht ein Traumpaar sei. Nicht ahnend, dass ein Traumpaar nur ein Paar ist, dessen Scheidung uns mehr überrascht als die eines normalen Paares.

Nun jedoch kommt unser amüsierter, wenngleich leicht benebelter Beobachter schwer ins Denken:

Wie und was man ist, hängt offenbar auch vom ständigen Begleiter ab. Die Wenigsten können sich davon frei machen. Sie fühlen sich verantwortlich. Sie ändern Ton und Haltung, sobald das Pendant auftaucht. Die Identität als autonomes Wesen scheint sich zu verflüchtigen. Ohne es zu wollen, manipuliert sich gegenseitig, was zusammen gehört. Feine, weil indirekte Machtmittel, individuell auf den Partner zugeschnitten, werden gefunden. Nicht wenige Frauen zum Beispiel driften beim Paarlauf auch heute noch in die betonte Hilflosigkeit ab. Da muss in den Mantel geholfen werden, da gibt man vom Ehepartner gefilterte Standpunkte und Meinungen von sich. Am Telefon werden die Stimmlagen von Frauen höher, sobald der Gemahl das Zimmer betritt.

Und es bedarf nicht einmal dieses unsäglichen gemeinsamen Erzählens von Ferienerlebnissen (wobei sich Paare selten auf Details einigen können und sich in Rechthabereien verlieren), um die Nerven der Umwelt zu strapazieren. Da genügt schon jener Partner, der gern die Vorzüge des anderen herausstreicht:

»Erzähl doch mal, Liebling, wie du mit deinem Balkonschmuck den ersten Preis gewonnen hast!« Oder: »Triffst du nächste Woche in Peking nicht diesen Wirtschaftsminister, Schatz?«

Der Hang zum Harmonisieren lässt Paare allgemein zu unkritischen Friedenstauben werden. Man besänftigt und beschönigt, wo Widerspruch angebracht wäre. Zusammenzuhalten, selbst wenn der Partner den größten Unsinn verzapft, mag von Ergebenheit zeugen. Von Liebe zeugt es nicht.

Und nun endlich geht unser Einzelgänger glücklich in sein Einzelbett. Niemand schnarcht neben ihm.

Zum Schluss noch ein Lichtblick. Denn es muss ja nicht immer gleich die Scheidung sein.

Kürzlich traute ich meinen Augen kaum, als ich bei einem Abendessen in kleiner Runde eine junge Frau beobachtete. Sie fiel völlig aus der Rolle an diesem Abend. Das heißt aus jener Rolle, die wir sonst an ihr gewohnt waren. Diese bescheidene, gute Haut mit dem stillen Wesen war ausnahmsweise ohne ihren Mann gekommen und entpuppte sich prompt bei Tisch als witzige und beredte Person, von der wir erstmals erfuhren, dass sie ein Diplom als Ingenieurin hat und Saxophon spielt. Außerdem nahm sie zweimal vom Dessert.

Letzte Anmerkung: Ich kenne einen klugen Münchner Gastgeber, der Stimmungsdämpfer, wie es gerade die betont glücklichen und andere klammernde Paare manchmal sind, von vornherein eliminiert. Er gibt stets zwei Gesellschaften nacheinander. Ehe- und sonstige Paare werden dabei grundsätzlich zu getrennten Abenden gebeten. Seine Einladungen gehören zu den begehrtesten der Stadt.

»Kennst du die alle?«
Der lächelnde Passant

Ich weiß von einem zehnjährigen Mädchen, das es sich angewöhnt hatte, auf dem Schulweg wildfremde Leute zu grüßen.
Voraussetzung: Sie waren alt und gingen allein. Jedes Mal hellte
die Überraschung die betagten Gesichter auf, erwärmte sich ein
stumpfer Blick, lächelte ein vorher mürrischer Greisenmund
zurück.

Die erstaunte Mutter, eines Tages Zeugin dieses Verhaltens,
fragte das Kind, ob es die Leute denn alle kenne. »Nein«, sagte
die Tochter, »aber die freuen sich doch so.«

Als das Kind im nächsten Jahr den Weg mit einer Schulfreun-
din zusammen ging, stellte es seine menschenfreundlichen Be-
grüßungsrituale ein. Warum? »Ach, wir quatschten ja immer. Da
hab' ich gar nicht gesehen, wer mir begegnete. Und außerdem
hätte ich der dann auch wieder stundenlang erklären müssen,
warum ich das tue. Und verstanden hätte sie es sowieso nicht.«

Der Einzelgänger hat alle Möglichkeiten und Freiheiten, seine Menschenfreundlichkeit zu erproben. Er ist zu nichts gezwungen. Keine Konvention schreibt ihm etwas vor. Keine gesellschaftliche Verpflichtung bedrängt ihn. Keine Familienbande halten
ihn in Banden.

Ohne Nachfragen und Rechtfertigungen kann der Einsame
lächeln und grüßen, wen er will. Die Freiheit zur Freundlichkeit
ist eines der Kennzeichen des Einsamkeits-Künstlers.

Mit seinem solitären Charme und ein wenig Schmäh vermag
er, arrogante Portiers zu knacken, genervte Sekretärinnen zu
besänftigen und mürrische Taxifahrer in herzliche Kumpane zu
verwandeln. Denn üble Laune schwindet schneller im Angesicht
einer einzelnen Person als gegenüber dem Rollkommando eines
Paares oder einer Streitmacht mehrerer Menschen. Jede Kon-

frontation ist unter vier Augen am besten zu bewältigen. Einzelkämpfer tricksen damit.

Niemand sagt den Einzelgängern: Lass doch! Niemand neben ihnen reißt das Gespräch an sich und beantwortet Arroganz mit größerer Arroganz oder will einen Angeber toppen – obwohl man selbst eigentlich ganz anders auf Arroganz und Angeberei reagieren wollte.

Der Solist ist unbefangen, weil er nicht für einen zweiten Menschen mitdenken und mitfühlen muss. Da ist keiner, dessen Einmischung oder Kritik man fürchten oder auf dessen Gestimmtheit man Rücksicht nehmen müsste. Freiheit macht freundlich.

Ich habe kürzlich im Stau auf der Autobahn Richtung Süden, wie das nun mal im Stau üblich ist, eine Stunde damit verbracht, den Fahrer eines Kleinlasters auf der Nebenspur einzuholen, zu überholen, dann wieder von ihm überholt zu werden, neben ihm zu verweilen und bei alldem nicht allzu breit grinsend auf gleicher Höhe zu stehen. Einer von uns riskierte immer mal wieder den Blick herüber und hinüber, um gleich wieder wegzuschauen. Es war nicht mal ein Flirt. Es war nur ein vergnügliches Spiel.

Erst als ich bei einer Ausfahrt die Autobahn verließ, wagten wir, uns zum Abschied zuzuwinken. Hätte dieses Spiel funktioniert, wenn neben mir ein misstrauischer Mann oder neben ihm eine eifersüchtige Frau gesessen hätte?

Weil des Einzelgängers Aufmerksamkeit nicht an jemanden gebunden ist, der neben ihm sitzt, geht, spricht, kurz: existiert, weil er von niemandem in Anspruch genommen wird, öffnet er sich jedem, der ihm begegnet. Der bedachte Einsame ist nicht verstockt. Er teilt sich mit. Er ist freigiebig mit seinen Zuneigungen und Anteilnahmen. Er widmet sich gern den Menschen. Er fühlt sich verbunden. Da ist gut lächeln.

Das zurückgegebene Lächeln eines Fremden kann einen Tag retten.

Das ist jeden Versuch wert.

Weil der Einsame in seiner Einsamkeit Zeit und vor allem Lust hat, über sich und die anderen nachzudenken, weil er naturgemäß zur Betrachtung der Leute neigt, hat er sich im Laufe der Zeit ein Bild von seinen Mitmenschen gemacht. Vordergründig ist es ein übersättigtes. Er wird auch nicht müde, in abfälligem Ton von der Masse Mensch zu sprechen, die er zu meiden trachtet.

Jeder reflektierende Einzelgänger aber weiß sehr wohl um die Vielfältigkeit, aus der sich die Masse zusammensetzt.

Der kritische Solitär meidet Begriffe wie *Multikulti*. Seine Differenzierung ist eine subtilere. Er findet seine Mitmenschen dermaßen abenteuerlich, eigenartig, sonderbar, so unterschiedlich und voller Farben, dass er sie nur einzeln oder in kleinsten Gruppen erträgt, wenn er sich denn mal mit der Umwelt konfrontiert.

Einsame sind hellsichtige Menschenbeobachter. Sie sehen Verheimlichtes und Abgründe, dunkle Seiten und Zwiespalt, Doppeldeutigkeiten und Tiefschichtigkeiten, Rätsel, Träume und Unvereinbarkeiten. Meidet der Zurückgezogene die Masse, weil er die Einzigartigkeit des Einzelnen dort nicht mehr erkennen kann?

Der Einsame ist wählerisch, wenn er seine innere und äußere Höhle verlässt. Unter dem Deckmäntelchen größter Zutraulichkeit bemüht er sich um größte Distanz. Seine Wahl und seine Waffe, sein Schutz und sein Schild: das Lächeln.

Er ist anspruchsvoll und nicht bereit, in eine Menge hinein zu grienen. Er lächelt den Einzelnen an. Das ist sein Privileg und seine Macht. Er kann dann zu Verbrüderungen neigen. Und das Herz quillt ihm über, wenn er auf Gleichgesinnte stößt. Dann bedarf es auch nicht vieler Worte. Das sind mitmenschliche Höhepunkte für Einsame. Man lächelt sich zu. Und jeder geht wieder seiner Wege.

Wer allein ist, kann sich allem und allen nähern. Der Einzelgänger kann furchtlos und ohne Angst vor Konsequenzen jedes

Wagnis eingehen. Wer mit seinem Alleinsein zurechtkommt, wird mit der Zeit immer freier und offener. Während oder nach einer Phase des Alleinseins erkennt man den souveränen Einsamen sogar an einer Art Rücksichtslosigkeit.

Er braucht keine Rücksichten zu nehmen auf Begleiter, Weggefährten, Angetraute, auf seine Kohorte, die Kontrolle der Nachbarn, den Terror seiner gesellschaftlichen Schicht. Und aus dieser Entbundenheit heraus hat der Freimütige die Chance, sich jedem Menschen freundlich zu nähern – menschenfreundlich.

Aber ich warne: Nicht, dass man zuletzt die Menschen so zu lieben beginnt, dass man die Einsamkeit wieder aufgibt.

Das wäre dann doch zu schade!

Einzelgängers Genuss-Bad
in der Menge

Viele Tugenden, die wir kennen und schätzen, erweisen sich als solche erst im Miteinander:

Gerechtigkeit, Güte, Wahrhaftigkeit, Treue und Vertrauen brauchen mindestens einen zweiten Menschen, um an einem Ziel- oder Angriffspunkt anzudocken. Güte zum Beispiel lässt sich nicht so einfach einem Stein gegenüber erweisen, und der Baum pfeift wahrscheinlich auf unser Vertrauen.

Selbst die so genannten modernen Tugenden wie Solidarität oder Fairness bedürfen des Mitmenschen.

Die Erkenntnis, dass es tatsächlich auch noch andere Menschen auf der Welt gibt und dass die Verbundenheit mit ihnen unabdingbar und überlebensnotwendig ist, tut dem Streben nach Vereinzelung keinen Abbruch. Solche Verbundenheiten sind die Basis, auf der man sich Einsamkeit leistet. Die Auseinandersetzung mit der Welt und die Einordnung der eigenen Person sind der bewussten und freiwilligen Solitüde, die wir hier propagieren, immer vorausgegangen.

Der kultivierte Einzelgänger bedenkt deshalb das übliche Drängeln hin zum Miteinander nicht mit offenem Hohn. Und es ekelt ihn auch nicht das suchtartige Bedürfnis der anderen, stets mit jemandem zusammen sein zu müssen. Elite-Individualisten bewahren sich vielmehr eine winzige Wehmut, wenn sie wieder mal schweigend von dannen gehen, um nichts als nur noch bei sich selbst sein zu wollen.

Auch in so manchen anderen Lebenslagen überzeugt oder beeindruckt gerade der Widerspruch:

Erst das Heimweh macht den in ferne Länder aufbrechenden Seefahrer zum rührenden Helden – wie der österreichische Fernweh-Fachmann Freddy Quinn so unübertrefflich in seinen Liedern zum Ausdruck brachte. Wer sich schamlos gibt, wird sich in Fragen von Peinlichkeiten und Dezenz wahrscheinlich bestens auskennen. Wer bekennender Atheist ist, zitiert die Bibel oft wortgetreuer als der wurschtige Kirchenvolksgenosse. Wer die Füße auf den Tisch legt, hat oft eine erstklassige Kinderstube hinter sich.

Beim Thema Einsamkeit ist es nicht anders. Erst in der Konfrontation mit dem jeweiligen Gegenteil leuchtet die Freude hochglänzend auf:

Das Alleinsein wird nicht trist, sondern wohltuend, wenn draußen die Menge tobt. Und sich in tobender Menge zu befinden wird erträglicher, wenn seitab die Einsamkeit wartet, verführerisch und siegesgewiss lächelnd.

Beiden Zuständen gegenüber, dem kühl erfrischenden Luftbad der Einsamkeit und dem wohligen Schaumbad in der Menge, sollte der Lebenskünstler sensibel und in Maßen aufnahmebereit sein. Die Einsamkeitssehnsucht und auch der Geselligkeitstrieb beflügeln sich gegenseitig. Sie bedingen sich sogar im Grunde. Allein schon dadurch, dass die jeweiligen Vertreter einander als erbärmliche Versager bezeichnen dürfen.

Überspitzt gesagt: Der kommunikative Menschenfreund ist für die hohe Kunst der Einsamkeit wesentlich befähigter als der engstirnige Egoist. Er weiß um seine Widersprüche und kann mit ihnen leben; ein glücklicher Lebenskünstler, der vorübergehend auch mal die Menge zu lieben vermag – wenn er nur weiß, dass er sie bald wieder verlassen darf.

Der Wechsel von Nähe und Ferne hat etwas!

Ich fühle mich nie ausgeschlossen, sondern nur wohlig abgesondert, wenn ich mal nicht teilhabe an der üblichen Gemengelage.

Ich bin von Zuneigung und Rührung erfasst, wenn ich in der Küche kurz allein bin und meine Gäste im Esszimmer reden und schreien und lachen höre.

Und manchmal ist es selbst für Einzelgänger trostreich zu wissen, dass man auf der Hütte abends wieder mit den anderen zusammen sitzen wird, ganz eng und behaglich, so unwirtlich der Skitag in Nebel und Kälte gewesen sein mag. Oder die Wanderung, zu der man allein aufgebrochen war.

Schauder glückseliger Geborgenheit erfüllten mich auch, wenn ich als Kind beides hatte, das Alleinsein und das Wissen um andere, die es auch noch gab: in meinem Bett im dunklen Kinderzimmer zu liegen und das Licht der hell erleuchteten Wohnung unter der Tür durchschimmern zu sehen. Oder, wenn es Einladungen gab, ich die Eltern und ihre Gäste, Gemurmel und Gläserklingen vernahm. Manchmal schaute dann die schöne Mutter noch mal ganz leise herein, ob ich auch schliefe. Und vor lauter Behagen tat ich so als ob.

In einem für mich ungewohnten katholischen Gottesdienst war ich kürzlich erst einmal befremdet, als man sich gegen Ende der Zeremonien mit Nachbarn, Vorder- und Hintermännern (und -frauen) die Hände reichte. Dann aber fand ich es schön. Und ich reichte sie nicht nur, sondern schüttelte sie ganz herzlich.

Schließlich gibt es noch die großen Ekstasen.

Gemeinsam klatschen oder gar schunkeln im Rhythmus einer Volksmusikgruppe überkam mich zwar eher selten in meinem Leben – aber mindestens zweimal war es doch so ähnlich. Als der Radetzkymarsch in einem Neujahrskonzert gespielt wurde und als Anna Netrebko auf dem Münchner Königsplatz ihr Open-Air-Konzert mit Franz Lehárs Operetten-Gassenhauer »Meine Lippen, sie küssen so heiß« beendete und sechzehntausend Leute selig die Hände im Takt aneinander schlugen.

Ovationen reißen mit, ob man will oder nicht.

Wenn über sechzigtausend Stimmen im Fußballstadion anschwellen wie ein heulender Orkan oder wenn ein gemeinsames Aufstöhnen durch die Ränge weht wie beim Orgasmus eines Riesen, dann nimmt mir das den Atem vor Schreck und Faszination.

»Wenn eine Big Band laut wird und die Bläser alle aufstehen«, antwortete mir ein Polizeireporter der eher hartgesottenen Art auf die Frage, wann er zum letzten Mal Tränen in den Augen hatte.

Wenn viele das Gleiche empfinden, rührt und erschüttert das: die gemeinsame Andacht im Gottesdienst, der gemeinsame Wahnsinn in den Bierzelten des Oktoberfestes, die gemeinsame Aufmüpfigkeit im Rockkonzert, die gemeinsame fassungslose Seligkeit beim Fall der Berliner Mauer, die gemeinsame Hysterie am Rande des Trauerzuges für Prinzessin Diana, die gemeinsame Art von Gläubigkeit rund um den Tod des einen Papstes und die Wahl des anderen.

Ekstase steckt an. Wohl dem Einzelgänger, der sich rechtzeitig aus dem Staub machen kann.

Natürlich feiern die Massen vor allem sich selbst. Mehr als das Bier oder den Beat oder Benedikt, den Stellvertreter Gottes. Sie lassen sich in ihre Gemeinschaftstrunkenheit fallen. Der Pandemie ihrer Gruppenverseuchung können sie nur in den seltensten Fällen die Kraft des Einzelgängertums und der Individualisierung entgegensetzen. Um ihr besonderes Selbst und ihre wertvolle Eigenart zu retten, müssten sie die vordergründig bittere Medizin der Einsamkeit schlucken.

Nicht viel besser als der Massenmensch ist sein Gegenteil, das darauf herumreitet, als solches auch erkannt und anerkannt zu werden: der selbstgerechte Allesdurchschauer, der mit gerunzelter Stirn, eine Augenbraue hochgezogen, mit verschränkten Armen und Nullgesicht dasitzt, um nur ja nicht mitzuklatschen!

Der coole Wichtigtuer ist übrigens oft derjenige, der mit seiner stoischen Außenseiterhaltung nur verbergen möchte, dass es ihm die Haare vor Rührung aufstellt.

Deshalb raten altgediente Einzelgänger zu befristeten Fraternisierungen:

Bevor ein Konzert beginnt, ist es nicht unpassend, die bislang unbekannten Sitznachbarn ein wenig verschwörerisch anzulächeln. Schließlich hat man für die nächsten Stunden ein gemeinsames Genießen vor sich. Und man kann in diesen Interessenkreisen davon ausgehen, dass aus ein wenig Verbindlichkeit nicht gleich peinliche Verbrüderungen entstehen werden.

Geteilter Genuss verbindet natürlich ebenso wie geteilter Missmut. Eine Fahrt in der U-Bahn, bei Regen, im Morgengrauen, nach einer schlechten Nacht, sollte einen nicht davon abhalten, dem Sitznachbarn wohlgesonnen zu sein, der schließlich auch zu früher Stunde seinem Arbeitsplatz zustreben muss und sicher ähnlich übel gelaunt ist. So etwas schmiedet Gemeinschaft. Darum leben Stammtische ebenfalls vorwiegend von gleichen Missmut-Empfindungen und deren lautstarken Kundtuungen.

In der New York Times rät der Vielflieger Ben Stein in seiner Kolumne:

»Freunden Sie sich mit Ihren Mitreisenden im Flugzeug an. Besonders mit dem im Sitz vor Ihnen und dem im Sitz hinter Ihnen. Wenn der Kerl hinter Ihnen anfängt, nervös Ihren Sitz mit seinen Füßen zu traktieren, können Sie sich auf die wenigen Momente Ihrer neu begonnenen Freundschaft beziehen und ihn locker bitten, damit aufzuhören. Und er wird aufhören! Machen Sie auch den Typ vor Ihnen zu Ihrem Kumpel. Wenn er seinen Sitz in Ihren Schoß zurückkatapultiert, können Sie ihn bitten, den Sitz ein bisschen senkrechter zu stellen. Und er wird es mit einem Lächeln tun.«

Ist ein Mensch mit dem Drang nach Einsamkeit und Stille also doch einmal mit der Masse Mensch konfrontiert, sollte er kurzfristig sein Einzelgängertum aufgeben und auch die andere Seite nach Kräften ausnützen. Der Solitär mit Überblick macht sich beide Zustände bewusst. Er ist zugleich ein Meister seines Alleinseins und ein staunender Amateur und interessierter Zuschauer seiner Teilhabe am Gewusel der Menschheit.

Eine weise alte Frau mit Vergangenheit behauptete einmal: »Man ist entweder Sadist und Masochist zugleich – oder keines von beiden.«

Unsere Lebenskunst besteht also nicht darin, das Alleinsein »als einzig lebbare Möglichkeit« zu betrachten, sondern es behutsam einzuordnen, mit Bedacht zu wählen und dann mit Genuss zu betreiben.

Wem das alles jetzt zu sanft und versöhnlich klingt, der darf meinetwegen gern den schon erwähnten Philosophen E. M. Cioran zitieren, der 1995 in Paris starb:

»Nur jene Momente zählen, in denen der Wunsch, bei sich selber zu bleiben, so mächtig ist, dass man sich lieber eine Kugel ins Gehirn jagen würde, als mit irgendwem ein Wort zu wechseln.«

Warnung
vor Doppelbetten

Mit diesem Kapitel werde ich mir keine Freunde und Freundinnen machen, denn es ist sowohl unpopulär als auch *politically incorrect.*

Eine der Basis-Sehnsüchte des einsamen Menschen alten Stils (in diesem Fall vorwiegend Frauen) ist bekanntlich zu *kuscheln.*

Tags die Schulter zum Anlehnen haben! Am späten Nachmittag Wärme und Nähe vor dem Kaminfeuer! Abends geht's dann in die Ecken und Nischen der so genannten Sitzlandschaft. Die Prospekte der Möbelgeschäfte bilden es anschaulich ab: Ausnahmslos balgen sich oder schmiegen sich dort verliebte Paare auf ausufernden Sitzlandschaften aneinander. Na, und des Nachts natürlich das Kuscheln unter der gemeinsamen Bettdecke.

In Japan verkaufen sie neuerdings Kopfrollen in Form von Männerarmen, die man sich um den Hals oder sonst wohin zurechtlegen kann. Die Kissen, die in ausgestopften Wollhänden enden, weisen weder einen ausgeprägten Bizeps noch Armbehaarung auf. Aber beim Bettwäsche-Hersteller Kameo gehen die wärmenden Dinger weg wie warme Semmeln.

Womit wir beim Thema wären.

»Ich kann nicht einschlafen, wenn ich mich nicht an einen warmen Männerkörper drücken kann«, plaudert eine Bekannte aus. Sie ist schon lange verheiratet. Und die Aussage ist weniger lasziv als sie klingt.

Bei mir ist es umgekehrt.

Ich kann nur dann einschlafen, wenn ich neben mir niemanden habe. Und ohne jetzt zu indiskret zu werden, darf gesagt sein, dass ein Einsamkeitsfreak Mittel und Wege und ein Sofa im Wohnzimmer oder ein Gästezimmer oder die Telefonnummer des nächsten Taxistands findet, um den Rest einer schönen Nacht schön allein in seinem breiten Bett zu verbringen. Und es ist nie jemand beleidigt. Einzelgänger verstehen einander.

Bevor ich das Loblied getrennten Schlafens zu singen anhebe, noch Teile eines Gedichts von Rainer Maria Rilke, einem offenbar geläuterten Einzelschläfer mit traumatisierenden Erfahrungen. Es geht vor allem um die letzten drei Zeilen:

»Die Einsamkeit ist wie ein Regen.
Sie steigt vom Meer den Abenden entgegen;
von Ebenen, die fern sind und entlegen,
geht sie zum Himmel, der sie immer hat.
Und erst vom Himmel fällt sie auf die Stadt.
Regnet hernieder in den Zwitterstunden,
wenn sich nach Morgen wenden alle Gassen
und wenn die Leiber, welche nichts gefunden,
enttäuscht und traurig von einander lassen;
und wenn die Menschen, die einander hassen,
in *einem* Bett zusammen schlafen müssen:
dann geht die Einsamkeit mit den Flüssen … «

Nun aber zur Sache:

Schlangen und Huskies lieben es. John Lennon tat es mit Yoko Ono, wie ein berühmtes Foto glauben machen möchte. Eskimos und junge Katzen kennen es nicht anders: nämlich das Nachtlager zu teilen. Sie schlafen in engem Körperkontakt, zusammen gedrängt, aneinander gekuschelt, neben-, unter- und übereinander. Manche davon sogar in Rudeln.

Und hätte es Queen Elizabeth auch so gehalten, wäre sie sicher nicht, wie man vor Jahren lesen konnte, mitten in der Nacht mit einem Fremden auf ihrer Bettkante konfrontiert worden, den sie dann mit guten Worten und Zigaretten wieder zum Gehen bringen musste. Ein neben ihr liegender Prinz Philip hätte den Eindringling sicher umgehend hinausgeworfen.

So aber sind die Eremiten der Nachtruhe, die Privatiers im Schlaf, die Solisten ihrer Bettdecke wie die Königin von England auf sich selbst angewiesen. Von anderen werden sie oft als mutterseelenallein, von allen guten Geistern verlassen und verloren in der Einöde ihrer Betten bedauert. In Wahrheit aber tun sie vor allem eines: tief und wohlig schlafen.

Was für ein verdächtiger Einzelgänger ist nun der überzeugte Einzelschläfer?

Ist das der Misstrauische, der dem Bettgenossen Böses zutraut? Ist es der Ehebrecher, der fürchtet, im Schlaf zu sprechen und einen geliebten Namen auszuplaudern? Ist es die ewig unsichere Person, die sich nur geschönt und gefönt dem Liebespartner zeigt?

Die Antwort ist banal: Es sind schlichtweg die, denen ihr Schlaf heilig ist. Ich bekenne mich zu dieser Art von Gläubigen. Mein Schlaf ist mir wichtig und sollte darum möglichst unantastbar sein.

Und die Reize eines Doppelbetts?

Da ist erst mal der in solchen Fällen gern angeführte Begriff der »animalischen Wärme«. Tatsächlich gibt die viel her bei Bauchschmerz, Weltschmerz oder einem draußen tobenden Blizzard. In gemäßigtem Klima und schmerzfreieren Zeiten aber kann sich animalische Wärme schnell zu klebriger Hitze entwickeln.

Dann das von Körpersprache-Experten gerühmte »Haltungsecho« wahrhaft Liebender: Stunde für Stunde, die ganze Nacht lang, wird es bei Leichtschläfern aufs Schönste bewiesen. Jedes Umdrehen des einen wird mit dem des dadurch geweckten anderen beantwortet.

Wohlige Schauer von Nähe, Wärme und Geborgenheit verspürt man in solchen Nächten ohne Unterlass. Zum Glück meistens hellwach und deshalb mit dankbarem Bewusstsein!

Was macht da schon das bisschen Schlafentzug, wenn wieder mal das dezente Gezerre um die Zudecke beginnt oder der Revierkampf um Raum – von beiden freilich nur mit gebremster

Kraft vollführt, weil keiner zugeben will, dass er schon wieder wach ist, dessen ungeachtet aber die Immunität des Tiefschläfers beansprucht. Selbst solche Augenblicke haben ihre Innigkeit.

Was allerdings außerhalb des Doppelbettes passiert, das ist dann doch manchmal Anlass zum Disput. Es geht um die leidige Licht- und Luft-Thematik. Und diese verschärft sich, wenn die versöhnliche Körperkontakt-Komponente wegfällt.

Damit kommen wir zur zweiten Art des Zusammenschlafens: in einem Zimmer, aber in zwei Betten.

Diese Möglichkeit ist erst recht zu meiden. Sie bringt alle Nachteile der räumlichen Schlaf-Enge ohne die Vorteile der Intimität.

Jetzt nämlich werden Fragen elementar wie zum Beispiel: Fenster auf oder zu? Das Problem hat vielfach schon zu Ausfälligkeiten geführt.

Auch mit dem Lesen im Bett ist das so eine Sache. Liefert sich jener, der das Licht zuerst auf seiner Bettseite löscht, dem anderen und dessen beobachtendem Blick aus? Zumal wenn dieser vielleicht gerade Honoré de Balzac liest, der da schreibt: »Lebt auf der ganzen Welt ein Mann, der genau weiß, wie er ist und was er tut, während er schläft?«

Treibt da der noch Wache nicht unzulässige Feldstudien? Horcht er vielleicht sogar auf das Gemurmel, das dem Schläfer aus dem sabbernden Mundwinkel dringt?

In zwar räumlicher Distanz vom anderen zu schlafen, aber dennoch in Sicht- und Hörweite, ist ein heikles Unterfangen und setzt überbordendes Selbstbewusstsein, mangelndes Ästhetikgefühl oder eine mit den Jahren fad gewordene Partnerschaft voraus, in der eh schon alles egal ist.

In Jugendherbergen oder Kliniken mag das angehen. Aber wer bereits beim Friseur, im Zug oder im Flugzeug vor den Blicken anderer einnickt, gehört zu den Exhibitionisten, die sich wahrscheinlich auch nicht scheuen, alle anderen Erscheinungsformen menschlicher Verhaltensweisen ungeniert zu präsentieren.

Wer eng genug am anderen schlummert, vielleicht sogar an dessen Rücken, kann getrost in die schrecklichen Grimassen des Schläfers verfallen. Der andere sieht es ja nicht. Wer jedoch in einer Entfernung von ein, zwei Nachtkästchen schläft, liefert sich aus.

»Tritt einen Schritt zurück und du hast den besseren Überblick«, raten die Psychotherapeuten gern bezüglich der verschiedenen Probleme des Lebens.

Und Balzac schreibt weiter: »Manche Leute schlafen geistreich, andere dumm.« Er schildert Menschen, »die schlafen mit offenem Mund und sehen dann unvergleichlich blöde aus.«

Also bleibt nur eines: zwei Zimmer! Zugegeben, niemals weiß man, ob der andere sich vielleicht gerade auf leisen Sohlen aus dem Staub macht, um ein für allemal nach Südamerika zu verschwinden. Man hat in getrennten Zimmern wenig Kontrolle über den Partner – ein Umstand, der vielen nicht passt.

Auch gerät zum Problem, wie man diese Art des Schlafens der Mitwelt erklärt. Getrennt von Tisch und Bett (!) bedeutet noch immer gleich das Schlimmste. Auch wenn diese Trennung nur für ein paar Nachtstunden gilt, auch wenn eines ihrer Kennzeichen häufig eine vorangegangene Vereinigung und nicht etwa eine Prügelei ist.

Nun also ist Distanz da. Ferne fördert Nähe. Zeitweilige Einsamkeit schürt das Feuer der Sehnsucht. Kein Schnarchen an deinem Ohr lenkt dich jetzt ab von liebevollen Gedanken. Keine Träumerei wird jäh unterbrochen durch einen Unterarm, der sich über deine Halsschlagader legt.

Noch ein letztes Mal Balzac: »Zwei Gatten, die getrennte Zimmer haben, sind entweder geschiedene Leute, oder sie haben das Glück zu finden verstanden. Sie verabscheuen sich oder beten sich an.«

Da es heute immer weniger Gründe dafür gibt, unterm selben Dach mit einem Menschen zu hausen, den man verabscheut, bleiben also nur die gegenseitigen Anbeter unter den Einzelschläfern übrig.

Ihre Morgenstund' hat übrigens nicht nur Gold im Mund, sondern oft genug auch den geliebten Menschen aus dem Nebenzimmer im Arm.

Bevor es endgültig ans Aufstehen geht.

Und wenn nicht einmal im Nebenzimmer jemand schläft? Wenn ein geliebter Mensch weit weg ist, auf großer Fahrt, hinter schwedischen Gardinen, im Krankenhaus, beim Auslandseinsatz oder einfach nicht vorhanden im Leben des Einzelgängers?

Mit Liebe an jemanden zu denken, der nicht anwesend ist, hat seinen Reiz. Und dass Abstand die Zuneigung steigert, ist ein alter Hut. Nicht nur Wochenendehen und Fernbeziehungen leben von dieser Dynamik. Auch verheimlichte Geliebte ziehen einen Großteil ihres Reizes aus der Tatsache, dass sie fern statt nah sind.

Wenn also nicht einmal im Nebenzimmer jemand schläft, was tut der sich einsam Fühlende im Bett?

Als ich im Zuge meiner Gespräche für dieses Buch einem Trupp lustiger Burschen auf einer Baustelle die Frage stellte: »Was tut Ihr, wenn Ihr Euch einsam fühlt?«, prustete die Hälfte nach einer Schrecksekunde los, während die anderen rote Köpfe bekamen.

Ist ja gut. Selbstbefriedigung wird von etwa 120 Prozent der Männer und knapp 100 Prozent der Frauen (so die von Sexualmedizinern vermutete Dunkelziffer) praktiziert. Dem ist nicht viel hinzuzufügen.

Woody Allen sagte einmal, er habe am liebsten Sex mit einer Person, die er wirklich liebe: nämlich mit Woody Allen.

Und ein Urologe meinte: »Regelmäßige Masturbation beugt Prostata- und Blasenleiden vor. Das System bleibt sozusagen durchgängiger und geschmeidiger. Wenn Sie so wollen, setzt es keinen Rost an und bleibt gut geölt. Das gilt auch für Frauen.«

Eingängige Vergleiche.

Natürlich wissen alle Menschen, selbst Woody Allen, dass zum Glück der Lebewesen etwas so Wunderbares wie die Berührung durch andere Lebewesen gehört.

Auch wer sich mit hochgezogenen Schultern und Augenbrauen, abweisendem Gesicht und angelegten Armen, jegliche Berührung mit der Umwelt meidend durch die Menge bewegt, hat oft eine klammheimliche Sehnsucht nach Körperkontakt.

Der muss nicht sexuell sein: Altenheimbewohnern, denen die Pfleger einen kleinen Hund, eine Katze oder einen Hasen in den Arm legen, wachen aus Depression und Demenz auf, mit glücklichen Augen und streichelnden Händen.

Ein um die Schulter gelegter Arm oder der Griff nach der Hand des anderen, die Art, wie zwei Menschen die Köpfe aneinander legen – das sind wohltuende Momente für die Epidermis wie für die Seele.

Die umfassende Wellness-Bewegung mit Massagen und Ölungen, Bädern und Tanz zieht ihren Erfolg auch aus dem Anlangen und Angelangtwerden. Da können Fingerspitzen bis in das Herz hinein greifen.

Ein liebendes Paar zu sein, für ein paar Stunden oder für immer, ist ein verführerisches Fernziel, das anzustreben sich immer lohnt. Nur nicht um jeden Preis. Die Paarung als Ersatz für etwas anderes, zum Vermeiden oder Auffüllen, als Mittel zum Erhöhen eines niedrigen Selbstwertgefühls? Dazu ist diese Art von Verbindung eigentlich viel zu schade.

Und die Selbstbefriedigung?

»Schreiben ist für mich etwas fast Sakrales, eine Heilungszeremonie, eine Analyse – und Selbstbefriedigung«, gestand mir einmal die Bestseller-Autorin Erica Jong (»Angst vorm Fliegen«).

Von einer Art Selbstbefriedigung erzählten auch Kletterer, die eine Wand bezwangen, Handwerker, die in der Einsamkeit ihrer Werkstatt ein Boot bauten, eine Frau, die ihre alten Tagebücher durcharbeitete, und ein Mann, der gegen Morgen noch immer an seiner Staffelei stehend vergessen hatte, sich schlafen zu legen.

Selbstbefriedigung? Nur zu!

Drei überlebensnotwendige Strategien
für den von Menschen umzingelten
und bedrängten Einzelgänger

Erstens: Wie man einen Tisch für sich behält

Ich beginne dieses Kapitel rasch mit einer für mich beschämenden Anekdote; dann habe ich es hinter mir. Die Geschichte darf aber nicht verschwiegen werden, weil sie beispielhaft schildert, wie grenzenlose Redelust auf Eigenbrötler wirken kann.

Vor Jahren hatte ich mich mit einem schweigsamen Bauernsohn aus einem Schweizer Bergdorf angefreundet, dem ich eines Tages das Meer zeigen wollte, das er noch nie gesehen hatte. Also fuhren wir über die Seealpen südwärts, und da lag nach einer Kurve unter uns das, was sonst, Ligurische Meer und gleißte an diesem Tag ganz besonders.

Wir stiegen aus und schauten hinunter. Ich triumphierend, als sei ich die Schöpferin des überwältigenden Bildes. Er ergriffen. Nach einer Anstandsschweigeminute konnte ich nicht mehr an mich halten: »Und? Gefällt's dir? Ist das vielleicht nichts? Was sagst du? Nun red' schon!«

Ohne den Blick vom Horizont zu nehmen und mit dem wenigen Atem, der ihm noch verblieben war, sagte der Gebirgler: »Kannst du nicht *einmal* den Mund halten?«

Ich schämte mich in Grund und Boden.

Schwatzhafte sind für die Stillen im Lande die Pest. Aber man muss differenzieren. Nicht alle Schweigsamen sind Einzelgänger. Nicht alle Einzelgänger schweigsam. Oft im Gegenteil.

Ein seit Jahren mir bekannter Junggeselle kann nicht anders, als komplette Abläufe von Kinofilmen oder Fernsehserien nachzuerzählen. Sogar wenn wir anderen die Streifen schon gesehen haben. Und sogar, wenn wir ihn bitten, uns zu verschonen. In Ermangelung von Selbsterlebtem greift er gern auf Fremdschicksale zur Unterhaltung der Runde zurück.

Andere Einzelgänger, häufig zugleich Hypochonder, schildern über Stunden hinweg detailliert ihre Symptome und erheischen Ratschläge und Facharzt-Empfehlungen, die sie – ganz Eigensinnige, die sie nun mal auch sind – sowieso nie befolgen würden.

Wieder andere haben sich in den Einzelzellen ihrer Behausungen das Selbstgespräch angewöhnt. An sich nichts Besorgniserregendes. Wer statt dem Nagel den Finger trifft, wird den Hammer mit einem lautstarken Fluch weglegen. Und sich nach einem beendeten Telefonat mit »Idiot!«, »Dumme Gans!« oder »Schwätzer!« Luft zu machen, ist sowohl erlaubt als auch üblicher, als wir wahrhaben möchten. Hört ja niemand.

Das knappe und vor allem aus Schmerzenslauten, Flüchen und Beleidigungen bestehende Selbstgespräch des Alleinstehenden gibt allerdings zu denken, wenn es zu einem Monolog ausartet.

In diesem Fall rate ich zum so genannten Inneren Monolog, einer gefälligen Form der stummen Auseinandersetzung mit dem Selbst, die meist zu verblüffend klaren Einsichten führt, zu neuen Taten anstachelt und rundum Ordnung schafft. Dem Einsamen, der es dennoch nicht lassen kann, sich lautstark mit Freunden und Feinden und mit sich selbst zu unterhalten, sei die Erfindung des Freisprechapparates im Auto empfohlen. Eine Attrappe desselben würde ihm erlauben, mit heftigen Mund- und Armbewegungen zu labern – ohne dass es anderen Verkehrsteilnehmern sonderlich verrückt vorkäme.

Was aber, wenn man mit Plaudertaschen auf engem Raum konfrontiert wird?

Im Zug oder im Flugzeug kann man sich Kopfhörer überstülpen und bedauernd auf diese deuten, wenn der fremde Nachbar Anstalten macht, sich einem zuzuwenden. Aber wie reagiert man im Lokal, in dem sich jemand anheischig macht, devot zu fragen, ob hier eventuell noch ein Plätzchen frei sei?

Eine Boeing 777 mit jemandem zu teilen, das mag noch angehen. Aber einen Tisch zu teilen, das ist für den Einzelgänger unzumutbar. Könnte er ja gleich auch das Bett teilen, oder etwa nicht?

Aber dann verhält sich der selbstbestimmte Eigenbrötler ein wenig widersinnig; das ist übrigens eine der wunderbaren Freiheiten, die sich die Einsamen leisten dürfen:

Er möchte also das intime Erlebnis gemeinsamen Essens nicht mit fremden Menschen teilen. Und was tut er? Er geht in die Hochburgen gemeinsamen Essens mit fremden Menschen, nämlich in die Gaststätte. Dort wiederum beansprucht er einen Tisch für sich allein und fürchtet nichts so sehr wie jemanden, der sich dazu setzt.

Das Geschwätz anderer Leute mit anzuhören, die einem nichts sagen und denen man nichts zu sagen hat, ist schwer ertragbar, zumal bei der Nahrungsaufnahme. Nur ganz Abgebrühte schaffen es, ihren Teller zu nehmen und sich an einen anderen Tisch zu setzen.

Wie behält man also, allein oder ausnahmsweise zu zweit, einen Tisch für sich?

Platz suchende Gäste, die es wagen sollten, sich zu nähern, müssen schon von weitem entmutigt werden. Die Körpersprache sollte also Revierbesitzanspruch signalisieren.

Das heißt: sich rücksichtslos breit machen, großflächig hinsetzen, Ellbogen abwinkeln oder mit weit ausholenden Gesten über den Tisch langen, um zum Salzstreuer zu greifen, die Jacke über den noch leeren Nachbarstuhl hängen, unhandliche Golftaschen oder Stadtrucksäcke neben sich abstellen, persönliche Utensilien wie Zigarettenschachteln, Brillen und Feuerzeuge über den Tisch hinweg verstreuen. Handys kommen in diesem Fall nicht vor, weil der kultivierte Solist sowieso keines besitzt; seine Unerreichbarkeit ist sein Luxus.

Hat man einen Freund dabei, kann man die Größe geangelter Fische anzeigen oder darstellen, welchen Kraulstil man am liebsten pflegt.

Günstig zur Abschreckung sind auch Hunde *unterm* Tisch, möglichst großrassige, die keinerlei Beinfreiheit erlauben. *Auf* dem Tisch hingegen machen sich ausgebreitete Architektenpläne oder Landkarten sehr gut.

Nähern sich dennoch Störer unserer Privatsphäre, dann muss die Körpersprache verfeinert, das heißt in diesem Fall vergröbert werden. Also zum Beispiel lautstark mit dem Begleiter über abwegige Ideologien streiten, Tätlichkeiten andeuten, eventuell ein Glas umstoßen.

Und vor allem: Jetzt nicht den Fehler machen aufzuschauen. Jeder Blickkontakt wirkt ermutigend und zieht den vielleicht noch zögernden Gast unweigerlich an unseren Tisch.

Half alles nichts, dann fügt sich der souveräne Einzelgänger in sein Schicksal und macht Platz.

Es sollen schon sehr nette Bekanntschaften, ja sogar Freundschaften fürs Leben auf diese Weise ihren Anfang genommen haben.

Zweitens: Wie man sich vor Anteilnahme schützt

Für Alleinstehende ist das Gutgemeinte anderer Menschen oft unerträglich. Um ihm zu entgehen, gibt es nur einen Weg: Anteilnehmer frühzeitig zu erkennen. Das ist nicht leicht, weil Mitfühlende sich auf sympathische Weise nähern – naturgemäß in Situationen, die Trost erfordern.

Aber Achtung: Anteilnehmer übertreten leicht Grenzen. Reicht man ihnen, von kurzfristiger Dankbarkeit überwältigt, den kleinen Finger, ergreifen sie die ganze Hand, und Empathie endet in Terror.

Der Belästiger muss also als solcher beizeiten wahrgenommen werden. Deshalb gilt dieses Kapitel vor allem seiner Kennzeichnung. Der Rest ist leicht. Gegen unzumutbare Übergriffe hilft in höchster Not nur die Bitte: »Verschonen Sie mich!«

»Er wird sich über die Rosen auf dem Grab freuen, wenn er nach oben schaut«, meinte der Friedhofsgärtner die nächsten Angehörigen des eben Beigesetzten trösten zu müssen – was die Trauer der Tochter in hysterische Lachkrämpfe entgleisen ließ und bei der Witwe einen erneuten Tränenausbruch hervorrief.

»Kein Dach ohne Ach«, reimte dann bald nach dem Tod der Letzteren die Bäckerin und packte ungefragt noch ein Nusshörnchen in die Tüte der nunmehr zur Vollwaisen gewordenen Kundin.

Nusshörnchen und Reime, warme Händedrucke, betretene Blicke, Teilnahmsfülle, Erkundigungen nach der künftig wohl einsamen Gestaltung sensibler Daten wie Weihnachten oder Silvester – wie viel Anteilnahme an unseren Gefühlen müssen wir erlauben?

Jean Paul spricht treffend von dem »Gefühlvollen, dessen Fühlfäden sich um alle Wesen wickeln und zucken in der fremden Wunde«.

Der kondolent ergriffene Mitleidende erwartet Antworten und Reaktionen, auch Dankbarkeit. Seine Anteilnahme verschafft ihm – wie etwa auch die Teilnahme an der Gardenparty der Queen – soziale Erhöhung. Einbettung in fremder Leute Angelegenheit hebt. Sie verspricht hohe Distinktionsgewinne durch Verbrüderung im Leid.

Vorbei die früher üblichen ritualisierten und daher unpersönlicheren Beileidsbezeugungen. Heute ist Intimität angesagt, *ehrlich, betroffen, aufrichtig.* Oft genug ist das quälend für jene, die da einen Anteil dem Anteilnehmer rausrücken sollen. Und folgerichtig weniger quälend für den Beileidenden mit den Nehmerqualitäten, der sich gerade soviel Anteil nimmt, dass ihm ein wohliger Schauer sicher ist.

»Was nutzt mir's, daß ein Freund mit mir gefällig weine?/ Nichts, als daß ich in ihm mir zweifach elend scheine«, dichtete Lessing.

Die unmittelbare Teilnahme an Wohl und Wehe anderer ist die gesellschaftlich erlaubte Form der Zudringlichkeit. Bei Todesfällen boomt ihr Angebot jenseits jeglicher Nachfrage. Den Verfechtern der Maxime, geteiltes Leid sei halbes Leid, möchte man gern andere Formen der Interaktion anraten: etwa den *Beistand* als handfeste Übergangslösung (zum Beispiel mit heißen Gemüsesuppen) oder die angenehm dezente *Fürbitte*, die allein den lieben Gott behelligen mag.

Die hautnahe, sogar subkutane Partizipation an den Seelenlagen der Mitmenschen macht indessen nicht am Grabe halt.

»Wie geht's?«, »Schmeckt's?«, »Wie war's denn?«, »Was lachst du, erzähl mal?« – so klingen die gängigen Fanfaren frohgemuter Anteilnehmer. Als eher lästige Sympathisanten greifen sie sich ihre Portion an Freuden und Schwermut, Missgeschick und Liebesglück. Sie wollen sich anstecken lassen von Lachen, Gähnen, Weinen und Jubeln. Jede Massenhysterie nimmt hier ihren Anfang.

Der Empathiker mit dem üblen Hang zum Infiziertwerden ist manchmal nichts als ein raffgieriger Nutznießer fremder Gefühle. Er achtet nicht, dass sich jemand nur klammheimlich ins Fäustchen lachen will. Oder dass ein anderer, der mit den Tränen kämpft, vielleicht als Einzelkämpfer vorgehen möchte.

Der sich einmischende Anteilnehmer hat eine beflissene Art von Rücksichtslosigkeit. Seine Interessenlage ist immer eine vorgebeugte. Der Maler soll antworten, wenn er nach seinen Empfindungen bei der Pinselführung gefragt wird. So mancher muss lügen, um nicht ans Intimste zu rühren. Wie sie in Stimmung käme, um ihre Sätze so lebensnah zu formulieren, wird in die Romanautorin gedrungen. Soll sie zugeben, dass ihr das Nachzählen ihres Geldbestandes da oft intensiv auf die Sprünge hilft?

Nicht jeder ist ein begnadeter Anteilnehmer, wie es zum Beispiel Taxifahrer, Huren und Barkeeper sein können. Ihnen öffnet man sich ohne viel Federlesens, weil ihre Anteilnahme zugleich auch deren Gegenteil enthält, die Teilnahmslosigkeit – eine bekömmliche Mischung. Auch Zahnärzte, die gern während des Bohrens mit dem phonstärksten Gerät schwer verständliche und wegen der Maulsperre auch rein rhetorische Fragen stellen, sind angenehme Anteilnehmer.

Anteilnahmekarten liegen letztlich überall öffentlich aus: Der Kiebitzer, der bei den Zockern herumlungert, will sich erregen lassen von der Spannung im Raum. Die Kinderlose beugt sich über jeden Kinderwagen, um wenigstens ein Quäntchen des versagten Mutterglücks zu erhaschen. Sehnsucht nach aktiveren Zeiten treibt den Rentner ans Bauzaunloch, damit er mitgerissen werde von fremder Emsigkeit. Und jeder in der *Love Parade* will vom Nachbarn auch seelisch berührt werden.

Anteilnahme an Lust und Last?

Letztere wird künftig nur noch geduldet, wenn einem jemand einen Teil wirklicher Last abnimmt, etwa beim Schleppen von Bierkästen.

Drittens: Wie man Anbeter los wird

Der Stalker ist die krasseste Form.

Seine hartnäckigen Nachstellungen werden inzwischen gerichtlich verfolgt. Politiker forderten vor kurzem sogar eine vorbeugende Haft.

Besessen davon, mit dem vergötterten Objekt ihrer Begierden nicht nur Kontakt aufzunehmen, gern Körperkontakt, sondern auch gleich ein Zusammenziehen oder gar die Ehe anzustreben, machen Stalker das Leben ihrer Opfer zur Hölle.

Ein paar Stufen darunter, aber ebenfalls als Verwandler des Lebens in eine Hölle anzusehen: der Anbeter.

So wie die oft prominenten Opfer von obsessiven Fans in Ruhe gelassen werden wollen, so will der Einzelgänger (beiderlei Geschlechts) ebenfalls vor allem eines: seinen Status als Einzelgänger beibehalten. Auch wenn er mit Vergnügen seine Prinzipien hin und wieder kurzfristig über den Haufen wirft.

»Froh soll sie sein, wenn sich überhaupt noch jemand für sie interessiert!«

»Ich wollte, ich hätte einen Anbeter. Ich würde ihm alle Wünsche erfüllen.«

»Spinnt die? Was kann es Schöneres und Schmeichelnderes geben als einen Anbeter?«

Langsam! Ein Anbeter ist die unangenehmste Form eines Verehrers, gegen den niemand etwas hat; nicht mal gegen den Begehrer. Zwischen Verehrer und Begehrer sind alle Stufen erfreulich und erlaubt.

Nicht aber der Anbeter.

Da nähme man doch eher noch den schmerzenden Abdruck des Handschuhs auf der Wange in Kauf (»Den Dank, Dame, begehr ich nicht«) als das wehleidige »Rose Marie, sieben Jahre mein Herz nach dir schrie, aber du hörtest es nie«.

Die Kaltschnäuzigkeit, mit der in Schillers Ballade der todesmutige Edelmann auf den Liebeslohn der schönen Dame Kunigunde pfiff, macht den Burschen erst richtig reizvoll und die Frauen an. Während im Abendlied von Hermann Löns die schwerhörige Rose Marie sicher aus gutem Grund nicht auf ihren nervenden Anbeter reagierte.

Wie kommt es, dass Verehrung so oft im Vergeblichen versandet, sobald sie zur Anbetung gerät? Freiersfüße erinnern dann fatal an das trottelige Trippeln des Täuberichs und das unerotische Watscheln des Ganters.

Es ist das Bemühte und Eifrige, das die Angebeteten zwangsläufig zu abweisenden Göttinnen macht. Oder zu hohnlachenden Goldenen Kälbchen.

Der Anbeter ist die personifizierte Zumutung; denn er ist das Gegenteil des Herzensbrechers. An Stelle von Herzen, Widerstand und den Regeln des Anstands bricht er die blaue Blume der Romantik, gelegentlich auch in Tränen aus. Sein beharrliches Schmachten löchert. Um im Bild zu bleiben: Er fällt in die Grube, die er löchernd untergräbt.

Angebetete greifen in ihrer Wehrlosigkeit auf die dünnsten Strohhalme zurück: Eine kauft sich einen Anrufbeantworter und vermag die unterbrochene Hinwendung des ausgebremsten Anbeters dennoch am resignierten Seufzen und seinem enttäuschten Wiederauflegen des Hörers zu erkennen. Andere outen sich als scheinbar bekennende Lesben oder legen sich Eheringe an.

Der zähe Anbeter tut indes unbewusst dreierlei, um nie und nimmer in den Himmel seiner Göttin zu gelangen:

Erstens verrät er sein Begehren; eine immer etwas erniedrigende Haltung, deren sich schon Rousseau schämte, als er in einem Süßwarenladen davor zurückschreckte, auf das zu kaufende Kuchenstück zu zeigen, und unverrichteter Dinge den Laden wieder verließ. Fein gefühlt.

Zweitens entbehrt der hartnäckige Buhle des Realitätssinnes. Mangelndes Eingehen auf sein Nachsteigen heißt heutzutage tatsächlich »Verpiss dich!« und deutet keineswegs mehr auf jene vor- und zurücktänzelnde Koketterie hin, auf die er sich nach der Lektüre deutscher Klassiker gern beruft.

Drittens versaut sich der unerbittlich Liebende von vornherein alles mit seinen Ansprüchen. Die arme Abgöttin darf sich wenig leisten. Ihr Anbeter ist ein strenger Herr. Er duldet aus ihrem Mund keine Fäkalsprache; aus ihren Augen keinen Seitenblick, der nicht ihm gälte; aus ihren Händen keinen selbst gestrickten Pullover, wenn sein Göttinnenbild eher zur Diva neigt, und keine Zigarette, wenn es mehr zur gesunden Gutgöttin hin tendiert.

Andererseits gerät ihm alles an ihr zu verfeinerter Sublimierung. Er schönt himmelschreiende Dämlichkeit gerührt in Richtung *kulturell unverbogen*. Krasses Missbetragen deutet er als *befreite Ehrlichkeit*. Die verklemmte Spießerin ist für ihn eindeutig *moralisch gefestigt*.

Hehre Erhabene einerseits, *frisches Naturkind* andererseits – wer soll das durchhalten auf die Dauer? Wenn sie es doch endlich begreifen würden: Länger andauernde Anbetung durch einen Mann *auf* den Knien ist weit weniger reizvoll als die Unterwerfung eines Mannes, den man vorübergehend *in* die Knie gezwungen hat.

Glücklich macht Anbetung niemanden außer den Anbeter, der Lebenssinn durch seine blinde Verehrung gefunden hat, Rechtfertigung von Affekten oder Anlass für einen Suizid. Seine zwischen Hoffnung und Verzweiflung gebeutelte Inbrunst, die sich in der Rolle des Narren manifestiert, verschafft ihm zusätzlich einen immensen Freiraum.

Jenen Freiraum, dessen die ermüdete Idealisierte verlustig geht, sobald sie den Gläubigen doch ausnahmsweise einmal erhört. Die zwar erhoffte, doch unvorhergesehene Reaktion überfordert dann beide:

Im Kino schaut der Gebannte statt auf die Leinwand auf ihr Mienenspiel. Anschließend kauft er einem Tamilen Rosen ab. Ihre Pein berührt ihn weder hier noch dort. Anbeter saugen sich auch gern mit ihren Blicken an den Lippen ihrer Gottheit fest, sobald diese spricht, was höchst irritierend ist. Hat er einen Hörschaden? Hat man Petersilie zwischen den Zähnen? Außerdem ist der Vergötterer oft auch irgendwie gekränkt und schickt Zeugnisse seiner Not in Gedichtform. Des Quälens ist kein Ende.

Die Liebe des Anbeters ist mitleidlos und selbstsüchtig. Er gibt im Schafspelz des Volltrottels jenen Wolf, der – auf die Nerven fallend – selbst auf dem weiten Feld der Liebe des Menschen Wolf ist.

Bleibt uns also nichts anderes übrig, als lästige Vergötterung so zu nehmen, wie es Rilke rät, nämlich »indifferent wie den Zahnschmerz eines Fremden«.

Wird man ihn also nicht los?

Nicht, wenn man ungern allein ist. Nicht, wenn man jeden Quälgeist in Kauf nimmt, nur um nicht einsam zu sein. Nicht, wenn Paarbindung alleiniges Lebensziel bedeutet. Nicht, wenn man noch nicht umschwenkte auf die neue Tour, um als Einzelgänger seine Bahnen zu ziehen. Nicht, wenn man noch nicht erkannt hat, dass man erst aus lockerem Abstand heraus in die

Lage kommt, sich künftig genau die Leute auszusuchen, die man um sich haben möchte.

Da kann dann auch gern mal ein Verehrer darunter sein, der anfallsweise zur Anbetung neigt.

»Geh zwanzig Minuten
  lang auf einen Friedhof«

Klagende Einsame haben mit ihrem Geseire längst einen Großteil ihrer Bekannten vergrault. Länger als zwanzig Minuten kann
man an der Verzweiflung anderer kaum teilnehmen, ohne ungeduldig zu werden und mit fadenscheinigen Ausreden das Weite
zu suchen. Außer man wird dafür bezahlt, als Psychotherapeut,
Bardame oder Taxifahrer. Es bleiben aber immer noch ein paar
geduldige Trostspender übrig, die den klagenden Vereinsamten
Mitleid entgegen bringen und Ratschläge andienen:

Geh unter Leute! Werde Mitglied in einem Sportverein! Besuch einen Single-Treff! Mach einen Tanzkurs! Der »Ball der Einsamen Herzen« soll gar nicht so übel sein! Warum nicht eine
Annonce aufgeben? Über das Internet hast du tausende anderer
Einsamer zur Auswahl! Investiere in ein Opern-Abonnement!
Du als Frau bist fast die einzige Frau unter 60.000 Männern, wenn
du ins Fußballstadion gehst! Du als Mann bist fast der einzige
Mann unter massenhaft jüngeren Frauen, wenn du den Volks-
hochschulkurs »Wie der Mond mein prämenstruelles Syndrom
beeinflusst« buchst.

Wir können nicht oft genug darauf hinweisen, dass das Ratschläge sind, die Einsamkeit zu *vertreiben*. Wir indessen wollen
sie ja künftig *freudig begrüßen*.

Ein besonderer Platz solcher Freude ist für den kontemplativen Elite-Einsamen der Friedhof.

Dort ist es im Sommer schattig und im Winter sind die Wege
sorgfältig gestreut für all die alten Frauen, die sich wie dunkle
Raben zwischen den weißen Hügeln bewegen. Selig dreinblicken-
de Paare, bei deren Anblick es dem Vereinsamten regelmäßig den
Magen umdreht, treten kaum auf. Wenn schon Paare, dann solche im fortgeschrittenen Alter, die niemals Hand in Hand da-

herkommen, weil sie Gießkannen und Steigen voller Erika schleppen.

Der schon erwähnte Aphoristiker E. M. Cioran, der die These vertritt, dass Melancholie erst dann in einen relativen Frohsinn kippen kann, wenn man sie maßlos übertreibt, rät folgerichtig:

»Ich habe eine Schwäche für Friedhöfe ... Wenn ich Freunde oder Leute, die ich kenne, treffe, die durch eine schwere Periode gehen, dann habe ich ihnen meistens nur diesen einen Ratschlag zu geben: ›Geh zwanzig Minuten lang auf einen Friedhof, und du wirst sehen, dass Dein Kummer zwar nicht verschwunden, doch fast vergessen und überholt sein wird‹... Einen Friedhof in einer solchen Lage zu besuchen, ist eine Lektion, eine Lektion in Weisheit! Ich habe stets solche Methoden praktiziert beziehungsweise empfohlen, obgleich sie nicht unbedingt seriös anmuten, doch sie sind in jedem Fall ziemlich wirksam.«

Nicht nur wirksam, sondern durchaus auch seriös. Die moderne Psychologie bestätigt das.

Der noch weinerliche wie auch der schon zufriedene Einsame frönt ja bekanntlich ausgiebig seinem Hobby, dem Nachdenken. Eines seiner Lieblingsthemen, allerdings mit je nach Erleuchtungsgrad entgegengesetzten Vorzeichen, ist der Tod.

»*Memento mori!*, gedenke des Todes!«, muss man diesen Adepten der Memorialkultur nicht lang vorbeten. Warum sie also nicht gleich dorthin schicken, wo sie die ultimative Konfrontation mit ihrem bevorzugten Grübel-Sujet von Meter zu Meter erleben?

Auf Friedhöfen, sollte man meinen, herrsche die krasseste Form von Einsamkeit.

Die Toten sind mutterseelenallein dort unter der Erde, manche sind gar verlorene Seelen, andere vielleicht gottverlassen. Wir wissen es nicht. Und die trauernden Hinterbliebenen sind allemal verlassen *worden*. Es ist also jeder auf seiner Seite scheinbar ziemlich einsam, wenn auch einige Religionen das anders sehen mögen.

Und dennoch schafft auch hier Ferne Nähe. Würden mehr der noch Lebenden dieses Phänomen ernster nehmen, gäbe es weniger Zerrüttungen, Scheidungen, Familienzwiste, Prozesse. Und vermutlich auch weniger Mord und Totschlag.

Der so für sich hin wandelnde Friedhofbesucher fühlt nicht selten ein wärmend aufkommendes Gefühl für die Toten.

Murmelt da nicht jemand? Raunt da nicht ein anderer ihm etwas zu? Sprechen die Toten mit ihm? Glücklich, wer allein geht und ein feines Ohr hat.

Unser Einzelgänger zwischen den Gräbern kommt ins Nachdenken:

Irgendwann wird er ja auch einer von denen sein, die hier liegen. Und eigentlich, so kommt es ihm in den Sinn, ist die Gemeinsamkeit mit den Toten die umfassendste Gemeinsamkeit, die es gibt. Gemeinsamkeiten sonst abhold, kommt er mit dieser ganz gut zurecht.

Auf Friedhöfen ist der Alleinige am wenigsten allein. Dasselbe Los schafft Verbrüderung. Die schweigenden Menschengeschwister, die da so massenhaft herumliegen, sind sie nicht eine Art Familie für ihn? Da fühlt sich dann unser Besucher plötzlich ganz aufgehoben und geborgen. Still sind sie, seine Geschwister. Sie labern nicht, sie bedrängen ihn nicht. Sie wollen kein Mitleid. Sie sind einfach schon mal vorausgegangen. Sie warten. Schweigend und ungeheuer geduldig.

Hermann Hesse hat in seinem Gedicht »Allein« auf das, was uns mit den Toten verbindet, hingewiesen:

»Es führen über die Erde
Straßen und Wege viel,
Aber alle haben
Dasselbe Ziel.

Du kannst reiten und fahren
Zu zwein und zu drein,
Den letzten Schritt musst du
Gehen allein.

Drum ist kein Wissen
Noch Können so gut,
Als dass man alles Schwere
Alleine tut.«

Auf einem Münchner Friedhof unterhielt ich mich mit einem Stadtstreicher, der auf einer Bank ruhte und mir seine Bottle entgegen schwenkte: »Ich esse nicht mehr«, plauderte er, »allein schmeckt's mir nicht. Ich trinke nur noch. Dann geht's vielleicht schneller, bis ich nicht mehr allein bin. Die Frau wartet nämlich schon.«

»Wo?«

Er deutete auf ein nahes Grab: »Da drüben.«

Dann kam er ins Reden, was sich wegen seiner schweren Zunge hinzog. Zusammengefasst sagte er: »Ich bin nur äußerlich allein. So lange sie wartet, bin ich nicht einsam. Und sie ist es auch nicht, weil ich doch dauernd an sie denke und ihr sage: Ich komm' ja bald. Ich bleibe noch eine Weile, dann komm' ich auch.«

Schließlich zitierte er Goethe, und zwar astrein, wenn auch von gelegentlichen Rülpsern unterbrochen: »Über allen Gipfeln ist Ruh', in allen Wipfeln spürest du kaum einen Hauch; die Vögelein schweigen im Walde. Warte nur, balde ruhest du auch.«

Beeindruckt verabschiedete ich mich.

Wer sich dem Schmerz des endgültigen Abschieds, der jedem bevorsteht, aussetzt, macht sich frei von quälenden Einsamkeitsgefühlen. Wer sich die Begrenzung des Lebens immer mal wieder bewusst macht – und sei es auf einem Gang über den Friedhof –, der wird auch seine vermeintliche Einsamkeit als Teil des *guten* Lebens begreifen können. Wer den letzten Formen des Alleinseins zustimmt, der leuchtet die dunklen Ecken seines vereinzelten Daseins aus. Er tritt ins Licht des selbst bestimmten Lebens, das ihm noch eine Weile bleibt.

Nun kann er Einsamkeit schätzen, wo es doch fast immer jemanden gibt, der im Jenseits auf ihn wartet oder im Diesseits an ihn denkt. Und wenn es auch nur der Hausbesitzer ist, der auf die überfällige Miete wartet. Oder der Nachbar, der abends zum erleuchteten Fenster heraufschaut und sich noch immer nicht traut, einfach mal anzurufen.

Und so verlässt unser Einzelgänger den Friedhof wieder mit forschen Schritten. Irgendwie sieht er richtig frohgemut aus.

Einsamkeit
macht attraktiv

Attraktion: vom lat. attractio = Anziehungskraft.
Attraktiv: anziehend, hübsch, elegant
(Etymologisches Wörterbuch)

»I want to be alone.«
Greta Garbo

Wahrscheinlich werde ich es mir jetzt endgültig mit allen gründlich verscherzen.

Den Einsamen, die unter ihrer Einsamkeit leiden, habe ich die (geröteten) Augen geöffnet, was bekanntlich niemand gern hat.
Und den in Gemeinschaften dieser oder jener Art Eingebetteten halte ich nun auch noch vor, dass ihre Lebensform in all ihrer Eindeutigkeit und Übersichtlichkeit sie immer ein wenig blass erscheinen lässt.
Die sich wiederholenden partnerschaftlichen Reibereien und turbulenten Familienverhältnisse sind letztlich eintönig, so groß das Chaos auch sein mag. Das so genannte bunte menschliche Miteinander macht die Akteure in ihrem Erscheinungsbild nicht farbiger. Sie treten nicht aus ihrer nivellierenden Dichte hervor und bleiben unauffällig und bar jeglicher Extravaganz. Kein gewisses Etwas.
Umgeben von der Aura des Geheimnisvollen und dem Glamour des Außenseiters aber ziehen die Einzelgänger ihre einsamen Bahnen. Die magische Anziehungskraft einiger von ihnen ist nicht zuletzt auf ihre mangelnde Eindeutigkeit und Vorhersagbarkeit zurückzuführen.

Der solo Auftretende wirkt auffallend wie der Solitär, der einzeln gefasste Brillant. Man möchte ihn auch mal von der Nähe sehen. Er kitzelt die Neugier seiner Mitwelt heraus; weit mehr als es das Hausmütterchen tut, der Familienvater, das früh zu sozial korrektem Verhalten erzogene Kind mit mehreren Geschwistern, der Vereinsmeier, die Gruppendynamische, der Stammtischbruder, die Kränzchenschwester, der Gesellschaftsmensch, die Betriebsnudel, der Genosse, Kollege und Kamerad.

Einsamkeit macht schön.

Die deutsche Bundeskanzlerin zeigt sich, gut beraten, selten mit ihrem Mann, und wenn, dann nervös zwischen Stolz und Peinlichkeit. Die im Grunde unsäglich unscheinbare Paris Hilton aber erscheint an der Seite eines glatten Nichtssagers. Hollywood-Girlies schreiten mit dem jeweiligen Noch- oder Schon-Begleiter über den roten Teppich. Die mittlere Kategorie tritt nun mal gern paarweise auf.

Aber was ist jetzt das? Wer rauscht da gottgleich heran? Ein Fels in der Brandung der anbrandenden Menge beziehungsweise im seichten Tümpel verwässernder Paarungen?

Es ist Sophia Loren. Es ist die Callas. Es ist die alte Begum vor dem Festspielhaus in Bayreuth. Es ist Greta Garbo.

Stolz erhobenen Hauptes, Leuchttürme selbstbewusster Schönheit, senden sie ihr Licht über die weite Ebene der gemeinen Gemeinde. Alle allein, alle strahlend. Prächtige Hoheiten, blendende Meisterinnen ihres Auftritts.

Kommen Sie das nächste Mal allein!

Das müssen Sie sowieso schon seit Jahren? Gewiss, aber kommen Sie das nächste Mal allein – und hoch erhobenen Hauptes. Gesellschaftslöwen und –löwinnen, die königlich souveränen Wesen, würden sich hüten, in Begleitung aufzutauchen.

Sie werden also als geheimnisvolle Einsame auftreten. Eventuell werden Sie auch als geheimnisvolle Einsame wieder gehen. So schlimm ist das nun auch nicht.

Die andere Lösung, nämlich am Arm eines frisch aufgegabelten neuen Begleiters, ist manchmal nur die zweitbeste Lösung.

Der besagte Gesellschaftslöwe führt nahtlos zu anderen Vergleichen aus der Tierwelt, wo die Schönheit des Einzelgängers noch mehr überzeugt als unter den Zweibeinern:

Der einsame Wolf,

der würdige alte Elefant,

der nachtaktive elegante Jaguar,

der als König der Lüfte bezeichnete Adler,

nicht zu vergessen das wundersame Einhorn –

was für edle und schöne Lebewesen.

Dagegen die Lemminge im suizidal verblendeten Verband, die alles kahl fressenden Plagen der Heuschrecken, die es immerhin zu biblischen Unehren und moderneren politischen Erwähnungen gebracht haben, die Ratten im Pulk, sozial hoch stehend, aber nicht sonderlich angesehen, der filmreife Horror der Krähenschwärme – alle beweisen: Rudelbildung scheint nicht gerade zur Verschönerung der einzelnen Mitglieder beizutragen.

Zurück zur Attraktion des einzeln aufscheinenden Menschen. Er macht zu Beginn auch ein wenig misstrauisch. Gerne beobachtet man ihn erst einmal von weitem. Nähert man sich ihm doch, so hat man hinterher etwas zu erzählen: Wie der eigentlich sei und dass man ganz erstaunt gewesen sei, aber dass er sich alsbald wieder verabschiedet hätte.

Es bleiben Fragen. Es bleibt ein wenig Hassliebe. Der Einsame ist vieler Normalbürger beliebtestes Gesprächsthema.

Die breite Masse saugt jene Leute auf, die sich in der breiten Masse wohl fühlen und sich in ihr aufgeben, indem sie in ihr aufgehen. Sie zieht zwar an, sieht aber keineswegs anziehend, also attraktiv aus. Massenmoden leben davon, Massenbewegungen und Massenhysterien. Das überangebotene Gemeinsame ist eintönig, vermittelt Mitmachern und Nachmachern aber den Genuss, dazuzugehören.

Ruft, wer sich exklusiv absondert und aus der Reihe tanzt, außer Misstrauen und Neugierde nichts hervor? Doch. Es ist eine meist klammheimliche, selten offene Bewunderung. Oft unter dem Deckmäntelchen des Unverständnisses, gar der Verachtung oder noch schlimmer: des Mitleids.

Das weiß der gestählte Vereinzelte. Und schert sich nicht darum. Mit ein wenig mehr Selbstbewusstsein sonnt er sich sogar darin.

Manche Einzelne neigen zur Überheblichkeit und bezeichnen sich dann nicht nur als Einzelartige, sondern als Einzigartige. Abgesehen davon, dass jeder der 6,5 Milliarden Menschen auf dem Globus (Stand Januar 2006) einzigartig ist, muss gesagt werden, dass es noch mehr Einzelgänger auf der Welt gibt als gerade nur unseren eitlen Egozentriker.

Es fällt auf, dass, wer ohne Anhang und Altlast durch das Leben geht, fleißig umworben wird. Jedenfalls intensiver als die sowieso schon in Gemeinschaften Eingeordneten. So können sich Alleinstehende kaum der Nachfragen erwehren, die etwaige Mitgliedschaften betreffen. Mitgliedschaften sind für Einzelgänger die Hölle.

Zuversichtlich hoffend, ja ganz sicher seiend, der Einsame sehne sich nach Gemeinschaft, nähern sich die Abgesandten: Wollen doch mal sehen, ob wir den alten Zausel oder die arrogante Diva nicht doch noch herumkriegen.

Als Schmuckstück oder Aushängeschild, als Alibi oder Hofnarr wären die so Bedrängten auf alle Fälle eine Bereicherung jeder Gruppe.

Ob man nicht beitreten wolle den Kursen »Wir Männer kochen mit dem Wok«, »Wir Frauen retten verwaiste Igel«, »Kennen wir Nachbarn uns eigentlich wirklich?« oder dem »Verein vereinter Vereinsamter«. Fragwürdig erscheint dem Ungebundenen das Angebot – und er lehnt höflich ab.

Einzelwesen sind für alle Übrigen eine Herausforderung. Sie wirken auf Massenmenschen wie eine Ohrfeige. Um den Schmerz zu mindern, versucht die Menge, sich den Solisten einzuverleiben, bis er als »einer der unseren« zu ihnen und auch ihnen gehört. Und alle Schlagkraft aus den nunmehr gebundenen Händen geschwunden ist.

Über eine andere Art von Angeboten lässt sich hingegen reden.

»Die Männer umschwirren mich wie die Motten um das Licht, und wenn sie verbrennen, dafür kann ich nicht«, sang Marlene Dietrich hoch erotisch, aber grammatikalisch inkorrekt in »Der blaue Engel«. Tatsächlich wundert (und freut sich heimlich) der einsame Mensch, wenn er Aufmerksamkeit erregt. Auch und vor allem beim anderen Geschlecht.

Von wohlmeinenden Freunden werden Alleinstehende gern verkuppelt. Die Lässigeren unter ihnen sehen das, im Gegensatz zur landläufigen Meinung, nicht als Beeinträchtigung ihrer Würde an, sondern finden solche Bemühungen ganz köstlich.

Ich selbst lasse mich gern verkuppeln. Der dafür Auserlesene weiß natürlich von dem Vorhaben und denkt und empfindet, wenn er seine Sinne noch beisammen hat, sicher ähnlich wie ich. Oft wurde daraus schon ein Mordsspaß. Manchmal sogar mehr als das.

Warum denn nicht? Die Eiferer des Zusammenfügens kennen mich ja seit vielen Jahren und den Auserwählten meistens auch. Also werden sie schon nicht zwei Inkompatible aufeinander loslassen wollen.

Dass unsere vergeblichen Anwärter auf den Kuppelpelz aber immer wieder dem alten Trugschluss anheim fallen, jeder Einzelgänger sei nichts als auf der Suche nach seiner Vervollständigung durch einen zweiten Menschen, das muss man ihnen gnädig nachsehen.

Wer ihren Bemühungen gelassen gegenüber steht, der tut das wohlwollend und stets ein bisschen mitleidig. Denn wen sie da verkuppeln wollen, das sind ja nicht selten zwei Einzelgänger, die sich dieses Lebensmodell ungern vermasseln lassen.

Auf der Basis dieses Wissens um die Gesinnung der sich scheinbar ergänzenden Gegenstücke sind nicht die schlechtesten Beziehungen entstanden.

Die Höhle

Meisterhafte Einzelgänger werden in dieser Streitschrift in allerlei Situationen beobachtet und vorgestellt: auf Reisen und Almen, in Wald und Bett, auf Straße und Party, drinnen und draußen.

Wie aber gestaltet sich das Leben in ihren Behausungen, die von Einsiedlern mit Hang zur Behaglichkeit gern »meine Höhle« genannt werden?

Liegen abgenagte Knochen herum? Stößt man sich den Kopf an Tropfsteinen?

Die Klausen häuslicher Eremiten sind vor allem eines: saugemütlich. Und was für die einen die Hölle der Einsamkeit, ist für sie der Himmel auf Erden.

Stümper des Einzelgängertums, die sich noch nicht mit ihrer Lebensform angefreundet haben, leben ja gern aushäusig. Jeden Abend verlassen sie ihre Wohnung und ziehen los. Falls sie ihre Wohnung überhaupt aufgesucht haben zwischen Arbeitsplatz und Balz- beziehungsweise Bolzplatz , also Bar und Bodybuildingcenter. Sie meiden nämlich ihr Zuhause, das den Namen gar nicht verdient, wie die Pest.

»… dass alles Unglück der Menschen einem entstammt, nämlich dass sie unfähig sind, in Ruhe allein in ihrem Zimmer bleiben zu können. Kein Mensch, der genug zum Leben hat, würde sich, wenn er es nur verstünde, zufrieden zu Hause zu bleiben, aufmachen, um die Meere zu befahren oder eine Festung zu belagern«, schrieb der französische Philosoph Blaise Pascal im 17. Jahrhundert.

Dagegen unsere Flüchter, sie haben Ausflüchte noch und noch:

Dort ist es so leer!

Diese Stille ertrage ich nicht!

Da wartet ja niemand auf mich!

Ich habe sowieso nichts im Kühlschrank!

Immer nur fernsehen, das ist auch fad!

Da fällt mir nach kurzer Zeit die Decke auf den Kopf!

Es ist tatsächlich wenig einladend, in eine unbelebte Wohnung zu kommen. Und damit meine ich nicht menschenleer, sondern unbeseelt. Wahrscheinlich ist sie lieblos eingerichtet und garantiert schlecht ausgeleuchtet. »Weil ja doch niemand dort ist«, sind zudem die Heizungen heruntergedreht. Und vielleicht wartet nicht nur kein Mensch auf den missmutigen Heimkehrer, sondern auch kein Buch und kein Musikinstrument und kein Alpenveilchen.

Wozu brauchen solche Leute überhaupt eine Wohnung? Sie leben zwar nicht unter der Brücke und sind nicht obdachlos, aber unbehaust sind sie dennoch.

Für die besagten Höhlenmenschen jedoch ist das Alleinwohnen täglich eine Quelle größter Zufriedenheit, wenn auch eine Quelle größerer Unzufriedenheit für Club-Ferien-Hotels, die Gastronomie und die Veranstalter von Kreuzfahrten, die alle den umtriebigen Single brauchen.

Ruhe und Geborgenheit in den eigenen (oder gemieteten) vier Wänden umfangen den hedonistischen Eremiten wie ein angewärmter Bademantel, nachdem die Tür mit dem satten Geräusch vollzogener Abgeschiedenheit hinter dem Heimkehrer ins Schloss gefallen ist.

Jetzt tief durchatmen, die Füße von sich strecken, die Augen schließen. Stille. Endlich daheim. Dann öffnet man die Augen, blickt sich um, findet es schön. Staubwischen müsste man allerdings mal wieder. Aber das hat Zeit.

Verteidigen Sie Ihre Wohnung und behandeln Sie ungebetene Besucher wie Hausfriedensbrecher!

Lange bevor Sir Edward Coke (1551 bis 1633) in einem Rechtsspruch formulierte: »For a man's house is his castle«, aus dem später »my home is my castle« wurde, sah man das hierzulande schon so. Im Haimburger Stadtrecht von 1244 heißt es: »Wir wollen auch, daz einem jegelichen purger sein Haus seine Veste sei.«

Konsequente Burgherren, -frauen und -fräulein unter den Alleinwohnenden öffnen grundsätzlich nicht, wenn es klingelt, und haben ihren Anrufbeantworter auf Abwehr programmiert.

»Wer mich zu Hause besuchen will, soll vorher kurz anrufen und fragen, ob es mir auch genehm ist. Vielleicht habe ich Gurkenscheiben im Gesicht oder sitze an einem kniffligen Fall oder liege mit jemandem im Bett«, erklärt eine Juristin.

»Mein Anrufbeantworter ist grundsätzlich eingeschaltet, auch wenn ich zu Hause bin. Ich horche, wer sich meldet, und entscheide dann, ob ich das Gespräch jetzt annehme oder nicht. Ich kann doch nicht jedem erlauben, wann immer ihm danach ist, mich in meiner sakrosankten Abgeschiedenheit zu stören«, verteidigt sich ein anderer.

Die Zelle des Zurückgezogenen ist natürlich immer auch mal eine *location* turbulenter Feste, ein Nest für Verliebte, ein abgeschirmter Konferenzraum, ein Rahmen für intime Essen, ein ungewöhnlich geräumiger Beichtstuhl oder eine Art Stammkneipe für die Brüder und Schwestern des innersten Freundeskreises.

Wer seine Eremitage dann aber wieder für sich hat, wird einen verlorenen Ohrring unter dem Sofa finden, vergessene Schirme und zwischen Bücherrücken abgestellte Weingläser. Er wird »endlich allein« seufzen und noch etwas finden: nämlich zu sich selbst.

Auch Barockfürsten nannten bekanntlich ihre kleinen Lust- und Jagdschlösser *Solitude*. Sie zogen sich, allerdings nicht ohne einen Teil ihres Hofstaates und gern mit einigen Mätressen, zur Erholung von den Staatsgeschäften in die relative Einsamkeit zurück.

Der Kabarettist Gerhard Polt zählt zu den Dingen, die er am liebsten tut: »wohnen«.

Ja, der vielleicht, wird ein ruheloser Um-die-Häuser-Zieher einwenden, *den empfangen dort wahrscheinlich Frau und Kinder*

und Hunde und Katzen, das Haus ist geheizt und das Abendessen
gerichtet und die Pantoffeln sind angewärmt!

Das wissen wir nicht. Aber wäre nicht nach dem Trubel des Tages und dem normalen Wahnsinn der Welt ein Heimkehren in stille Räume und in das nach ureigenem Geschmack und privaten Bedürfnissen eingerichtete Refugium ein ebenso grandioser Genuss? Es hat etwas schlagartig Entspannendes, wenn man nicht gleich über die Katze stolpert und vom Willkommensgeschrei der Angehörigen empfangen wird.

Die Pantoffeln kann man sich außerdem schon am Morgen bereitgestellt haben; wenn man so will, sogar auf dem Heizkörper.

Cocooning klappt auch allein. Manche behaupten: *nur* allein.

Stoiker in der Stille, Asketen in der Abgeschiedenheit berichten von extravaganten Genüssen: Warten auf das Anspringen des Kühlschrankaggregats. Das Rauschen der Großstadt in der Ferne. In der Nähe das Ticken einer Uhr.

Ohne selbst in den Trubel hineingezogen zu werden, den man ja gerade hinter sich gelassen hat, kann man bei geöffnetem Fenster auf die abendliche Geräuschkulisse horchen. Es gibt dazu ein Gedicht, das ein zwar schlafloser, aber hellhöriger Solist sich zusammenreimte (dichten ist eine gängige Sucht unter Einzelgängern):

»Mein Gott war der Tag heut heiß.
Abends will ich hoffen,
dass ein wenig Kühle kommt.
Alle Fenster offen.
Hände hinterm Kopf verschränkt,
horch ich spät ins Dunkel,
seh' von meiner Lagerstatt aus
nichts als Sterngefunkel.
Laut bleibt dieses Großstadtrauschen,
kommt und geht in Wellen.
Leute reden überall,
und ein Hund muss bellen.

Messerscharfes helles Klirren.
Eine Frau, die lacht.
Jemand spielt auf der Trompete
mitten in der Nacht.
Monotone Männerstimme
ohne Unterlass.
Schweigt sein Gegenüber aus
Liebe oder Hass?

Einmal bin ich plötzlich wach.
Draußen ist es still.
Nur ein Vogel singt, der den
Tag beginnen will.«

Außer zu dichten kann man daheim, wenn man nach eigenen
Regeln und ohne Zeugen in seinem privaten Territorium lebt:
- Bequeme, aber der Figur wenig schmeichelnde Klamotten
  anziehen.
- Schlafen, nicht schlafen oder zu unüblichen Zeiten schlafen.
- Essen, nicht essen oder zu unüblichen Zeiten essen.
- Einige Möbel zum x-ten Male verrücken und einen Plan an-
  fertigen, aus der Bauernstube einen Zen-Meditationsraum zu
  gestalten oder umgekehrt.
- Sich lange im Spiegel betrachten und dabei Gedanken über
  das Vergehen der Zeit machen.
- Lesen. Lesen. Lesen.
- Unter anderem auch alte Liebesbriefe lesen; und zwar nicht
  nur erhaltene, sondern auch abgeschickte. Einzelgänger,
  immer ein bisschen eigen in Egofragen, neigen dazu, Abschrif-
  ten ihrer Zeilen anzufertigen, bevor sie ihre Ergüsse auf die
  Post geben.
- Auf dem Klavier je nach Emotionslage herumklimpern, mit
  viel Pedal und wenig Notenkenntnis.

- Fotos von Verflossenen anschauen und sich fragen, 1.) wie man sich in solche Leute jemals verlieben konnte, sowie 2.) wie die wohl heute aussehen mögen, garantiert nicht sonderlich gut.
- An der Dissertation feilen oder eine tagsüber begonnene Arbeit in Ruhe zu Ende führen.
- Sich auf den Boden legen und die ungewohnte Perspektive ausprobieren. Noch spannender: Mit einem großen Spiegel in der Hand durch die Zimmer gehen und das ganze Ambiente seitenverkehrt durch diesen Spiegel betrachten.
- In der Küche etwas wagen; wie überhaupt das Experimentieren zum kreativen Solistenleben passt, sei es mit Reimen, Akkorden oder Gewürzen. Gerade das Köcheln, Mixen und Manschen am Herd geht eigentlich nur gut, wenn man es allein tut. Ist das Gericht nichts geworden, wirft niemand den Teller an die Wand, sondern der Koch allein den Fraß in den Mülleimer.

Ist Ihnen aber ein Meisterwerk gelungen, so ist es keineswegs herzzerreißend, sondern für Gourmets die feinste Selbstbelohnung, sich ganz allein an einen festlich gedeckten Tisch zu setzen und dort, bei Kerzenlicht und Wein und Barockmusik, den Abend zu zelebrieren.

Traurig? Trist? Pervers?

Keineswegs. Ich habe ganz wunderbare Diners auf diese Weise für mich veranstaltet. Ein wenig nach Art Ludwigs des Zweiten. Nur glücklicher.

An anderen Tagen ist einem vielleicht wieder mehr nach Maurerart zumute und man möchte gleich aus dem Papier futtern. Nicht schlecht schmeckt motorisierten Solisten oft die Leberkäs-Semmel »zum Mitnehmen«, die man am Steuer eines Zweisitzers (Einsitzer gibt es leider nicht auf dem Kfz-Markt) verzehrt. Bei Rotlicht blicken andere Verkehrsteilnehmer neidisch.

Zurück ins Inhäusige. Was kann man noch tun? Nachdenken, nasenbohren, beten, nachdenken, basteln, planen, nachdenken,

Abbitte leisten, erinnern, nachdenken, einen Schal stricken und wieder auftrennen, weil er kratzt, nachdenken, vergeben, sich klar werden über dies und das und vor allem sich selbst, nachdenken.

Nur eines kann man nicht, wenn man allein wohnt: Bilder aufhängen. Dazu braucht es eine geduldige Hilfskraft, die nach unseren Anweisungen das Bild an der Wand bewegt: Höher, weiter nach links, nicht nach rechts, nach links habe ich gesagt, jetzt noch ein bisschen tiefer, nicht so viel, wieder höher, jetzt ist es gut.

Wir eilen mit dem Bleistift herbei, um die Position für den Nagel anzuzeichnen, und können froh sein, wenn uns der Gehilfe nicht das Bild über den Schädel zieht.

Ich selbst bleibe gern zu Hause, bin es aber nicht immer. Wenn ich dann spätabends oder auch mal gegen Morgen zurückkehre, entschuldige ich mich jedes Mal bei meiner gemütlichen Höhle, dass ich sie so lange allein gelassen habe.

Das nächste Mal bleibe ich dir treu, altes Haus!

Wie man leichtherzig
und ohne schlechtes Gewissen
seinen Bekanntenkreis verkleinert

hygieinos,
griech.: der Gesundheitspflege dienlich.

Wenn Sie zu den Leuten gehören, die sich regelmäßig die Zähne putzen. Wenn die Innenwände Ihres Kühlschranks nicht mit dem Samt grünlichen Schimmels ausgekleidet sind. Wenn bei Ihnen noch nicht der Kombi mit dem Surfbrett auf dem Dach (alternativ mit den Skiern) vorfuhr, der in Wirklichkeit der Firmenwagen eines Kammerjägers ist und dessen Tarnung zum Geschäftsgebaren gehört – dann sind Sie ein Mensch, der auf Hygiene achtet.

Warum achten Sie beim Umgang mit Menschen so wenig auf Hygiene? Wieso geben Sie sich immer noch mit Leuten ab, die Ihnen und Ihrer seelischen Gesundheit abträglich sind?

Frage: »Nur um nicht allein zu sein?«

Antwort: »Ja, nur um nicht allein zu sein.«

Viele, die gern auf weiten Strecken solo und siegessicher durch das Leben stolzieren, kennen die fatale Versuchung, hin und wieder abartige Zugeständnisse zu machen:

Zum Beispiel auf einem Empfang, den man in einer fremden Stadt ohne Begleitung wahrnimmt. Da stehen Menschen in Gruppen beisammen, angeregt schwatzend. Alles offenbar gute Bekannte, vertraute Kollegen, gesellschaftlich miteinander verkehrende Ehepaare, auf jeden Fall Insider, Eingeweihte in ein gemeinsames Wissen – und wenn es auch nur um die Plattfüße des Herrn X. geht. Diese Bruderschaften geteilter Informationen stecken, so scheint es, regelmäßig erst die Köpfe zusammen, um gleich darauf, kurzfristig wieder aufgerichtet, unisono in Lachen auszubrechen.

Da will ich nicht stören, denkt sich der rücksichtsvolle Einzelgänger und schlendert zur nächsten Gruppe. Dort herrscht die gleiche Atmosphäre geschlossener Gesellschaften, ein Geheimbund der Einhelligen. Nur empfindungslose Menschen vermögen da, sich dazwischen zu drängen mit den Worten. »Hallo, ich bin die Susi und möchte gern mitlachen.«

Die nunmehr orientierungslos umherdriftenden Vereinsamten sind dann schon froh, wenn die nachschenkende Bedienung sich ihres Glases mit einem Lächeln annimmt. Andere verwickeln die Köche am Kalten Buffet in ein Gespräch über Zutaten der Salate oder die allgemeine Lage auf dem Service-Sektor.

Um nicht allein dazustehen, ist mancher dankbar für jedweden Gesprächspartner, wendet sich an ebenfalls vereinzelte Fremde, ergeht sich in hanebüchenem Smalltalk. Man hat schon Personen beobachtet, auf die in Südjapanisch oder Nordfinnisch eingeredet wurde und die scheinbar entzückt den unverständlichen Ausführungen lauschten. Hauptsache: Es wurden Worte gewechselt, man konnte das Wort an jemanden richten und jemand richtete das Wort an einen. Text egal, Tiefgang unerwünscht, Thema hirnverbrannt, Sympathie Nebensache.

So ein Abend geht vorüber. Vor allem für das belästigte Personal.

Und mit geschonten Stimmbändern, ansonsten aber abgefüllt, wendet sich der Einzelgänger wieder seiner Klause zu und fragt sich einmal mehr, warum er nicht gleich zu Hause geblieben sei.

Andere haben es da schwerer. Wo man sich nämlich nicht so leicht aus dem Staub machen kann wie auf einem öden Abend ohne anregende Gespräche, das sind Ehen, Partnerschaften und familiäre Verzahnungen ohne anregende Gespräche.

Selbst wenn diese auf Gedeih und Verderb zusammengeschweißten Gemeinschaften mit der Zeit unerträglich trist ohne genügenden verbalen Austausch werden sollten, flieht der gebundene Mensch sie nur im äußersten Notfall. Denn was unser oben beschriebener Gast erleichtert aufsucht, nämlich die paradiesische Einsamkeit seiner Klause, kommt anderen wie das ultimative Inferno der Einsamkeit vor.

»Aber ich habe doch wenigstens jemanden zum Reden«, hört man manch resignierende Stimme aus den Untiefen seicht gewordener Zweierbeziehungen seufzen. Dass das Reden, laut Statistik, unter den meisten Paaren täglich bloß noch zehn Minuten lang praktiziert wird, sollte indessen zu denken geben.

Das peinliche Schweigen zwischen Mann und Frau, in Cafés und Restaurants gut zu beobachten, wenn auch naturgemäß nicht zu belauschen, die bedrückende Langeweile, der unbeseelte Austausch von Informationen, die automatisierten Sätze der Routine, die tödliche Sprachlosigkeit werden locker in Kauf genommen: besser zehn Minuten als gar nicht.

Frage: »Nur um nicht allein zu sein?«

Antwort: »Ja, nur um nicht allein zu sein.«

Einige sind noch härter im Nehmen.

- Jemand bleibt, obwohl des Nörgelns und Kritisierens, der Unzufriedenheit mit allem, was der Freund macht, kein Ende ist.
- Jemand bleibt, obwohl es Prügel setzt, wenn der Ehemann betrunken nach Hause kommt und sie dann nicht mit ihm schlafen möchte.
- Jemand bleibt, obwohl seine Lebensgefährtin einen anderen hat und die neue Liebe ungehemmt öffentlich lebt.
- Jemand bleibt bei dem Vater ihres Sohnes, obwohl sie, leider nur Sekretärin, seinen Verwandten aus der Industriellenfamilie vorenthalten wird.
- Jemand bleibt, obwohl ihn seine Frau wegen seines Alters und seiner Potenzprobleme vor Freunden lächerlich macht.
- Jemand bleibt, obwohl es absolut nichts mehr gibt, das diese zwei Menschen verbindet.

– Jemand bleibt, obwohl es sehr wohl etwas gibt, das diese zwei Menschen verbindet: den Hass.

Frage: »Nur um nicht allein zu sein?«

Antwort: »Ja, nur um nicht allein zu sein.«

Alle paar Jahre schaffe ich es, die Silvesternacht allein zu verbringen. Zu den Ritualen eines solchen Abends gehört es, das Adressen- und Telefonverzeichnis von einem Notizkalender in den nächsten zu übertragen. Neben der Muße zum Denken, dem Nachsinnen über das vergangene Jahr und dem Träumen und Plänemachen für das kommende gibt es da jedes Mal einen fast erotisch lustvollen Höhepunkt für mich: das Ausstreichen von Namen und Telefonnummern, die sich im Laufe des Jahres angesammelt haben und mir des Übertragens nicht wert zu sein scheinen.

Gnadenlos wird aus meinem Terminkalender eliminiert, wer mir nicht gut tut (und wem auch ich vielleicht nicht gut tue), wer mir nichts zu sagen hat und wem ich nichts zu sagen habe, mit wem mich nur Gewohnheit, Konvention oder gesellschaftliche Oberflächlichkeit verbinden. Durch das Raster fallen Prominente und Proleten, Egoisten und emotionale Versager, Nörgler und Neidhammel, Unzufriedene und Unbelehrbare; Leute, die mich auf ihr niedriges seelisches Niveau herunterziehen wollen, die mich nicht unterstützen, wenn ich etwas wage, die unsolidarisch reagieren, wo Zusammenhalt nötig wäre.

Das klingt, als sei ich über das Jahr hinweg zunehmend umzingelt von einer Schar desaströser Charakterschweine. Dass das pro Jahr aber nur ein, zwei Personen sind, mindert mein sadistisches Vergnügen am Ausradieren ihrer Namen keineswegs. Es bleiben noch genug Liebenswerte übrig.

Man muss ja nicht gleich so weit gehen wie Herr X. auf der Party, dem sich der Gastgeber mit einem anderen Gast im Schlepptau nähert:

»Darf ich Ihnen Herrn Y. vorstellen?«

»Nein danke«, antwortet X. höflich, »ich kenne schon genug Leute.«

Mitmenschen zu verabschieden fällt dem immer noch krampfhaft klammernden Einsamen schwer. Manche können in ihrer Panik vor dem Schweigen kaum ein Telefonat beenden und haben langatmige Auf-Wiederhören-Rituale eingeübt. Andere sind aus lauter Angst vor ihren leeren Wohnungen stets die letzten Gäste.

Den Kontakt zu Leuten abzubrechen, die nicht das Zeug zur Freundschaft haben, auf diesen oder jenen locker zu verzichten, den Bekanntenkreis auszudünnen, anspruchsvoller in Fragen des Umgangs zu werden, das bedeutet auf jeden Fall Überwindung. Manchmal Schuld, öfter Beleidigung, immer Anstrengung.

Zum bewussteren Verkehr mit der Umwelt gehört auch der Luxus, zeitweise nicht erreichbar zu sein. Als ich mir mein erstes Handy kaufte, verzichtete ich auf die Mitteilung meiner eigenen Nummer. Man selbst benötige sie doch sowieso nicht, erklärte ich im Laden, und andere bräuchten sie nicht zu bekommen, warum auch. Dann fragte ich, technisch absolut naiv, nach einer Art Unerreichbarkeitstaste.

Fassungslosigkeit bei der Verkäuferin.

Was aber macht der Mensch in seiner Sucht, mit anderen in immerwährendem Kontakt zu bleiben?

Er lässt auf seine Visitenkarten Telefon-Nummern und Fax-Nummern, Handy-Nummern und E-Mail-Adressen drucken, jeweils privat und geschäftlich. Und auf der Rückseite gibt's das Ganze dann auch noch in englischer Sprache samt Vorwahlen aus den USA und GB.

Das sind die Notrufnummern des Vereinsamten.

Ich stehe immer zur Verfügung! Man kann mich stets erreichen! Nimm Kontakt zu mir auf! Ich gehöre doch auch dazu! Lass mich nicht allein! So schreien die Zahlenkolonnen.

Wer locker allein sein kann, macht zwar das Rennen nicht mit. Aber er macht das Rennen und gewinnt: an Lebensqualität, Zeit und guten Freundschaften. Er bewegt sich zwar nicht im totalen Abseits, aber »immer am Rande der Herde«, wie es ein alter Freund von mir seit Jahren ein bisschen eitel, aber wahrheitsgemäß von sich behauptet.

Das Heidenspektakel des weltweiten Palaverns ist notwendig zur Sozialisation des Menschen, zum Austausch von Meinungen, zum Anreichern von Wissen. Zeitweise Gleichschaltung, und sei es nur die der Frequenzen, muss auch sein. Aber wenn sich keine Pausen mehr dazwischen ergeben und keine Zeiten der Stille eingeschoben werden, bringt auch der Plauder-Transfer nicht allzu viel.

Dass sich der elegante Schweiger, dieser arrogante Pinkel, mit seinen Extratouren natürlich nicht zu *Everybody's Darling* macht, muss in Kauf genommen werden. Rainer Maria Rilke hat das anschaulich beschrieben:

Die Menge »will nicht, dass es Einsame giebt; schließ dich ein und sie wird sich sammeln vor deiner Tür wie vor der Tür eines Selbstmörders. Geh in den öffentlichen Gärten die kleinen Seiten-Alleen auf und nieder und sie wird auf dich mit den Fingern weisen. Sprich nicht zu deinem Nachbar, wenn er vor seiner Tür sitzt, geh gesenkten Hauptes an ihm vorbei, weil der Abend dich still macht, und er wird dir nachsehen und wird seine Frau oder seine Mutter rufen, damit sie käme, dich mit ihm zu hassen. Und es kann sein, dass seine Kinder dir Steine nachwerfen und dich verwunden.

Schwer haben es die Einsamen.«

Was bleibt? Ein wertvoller Freundeskreis bleibt, ein soziales Netz, eine Art von Familie – ohne Zwang gesucht, ohne Druck gefunden und nach persönlichen Kriterien und freiwilligen Entscheidungen behalten; nach Bedürfnis und Neigung und nichts sonst geschätzt, gepflegt und geliebt. Eine Handvoll Menschen, die für den Einzelgänger lebensnotwendig sind und denen er unentbehrlich sein möchte.

Der wählerische Individualist, der es schafft, auf die Quantität eines großen Bekanntenkreises, aufs *name dropping*, auf Beziehungen und *connections* zu verzichten beziehungsweise diese Gruppe einzuordnen als das, was sie ist, und sie ansonsten in ihre Schranken zu weisen, dem winkt das Glück in Form von Qualität.

»Ein Freund, ein guter Freund, das ist das Schönste, was es gibt auf der Welt«, sang Heinz Rühmann 1930.

So weit wollen wir nicht gehen, der Freundschaft aber dennoch das nächste Kapitel widmen.

Ein Freund,
ein guter Freund...

»Wer allein leben will, muss sozial leben.«
Ulrich Beck, Soziologe

Welche Art von Freunden hat ein Einzelgänger?

Hat der überhaupt welche?

Seine mitmenschlichen Kontakte bestehen doch wohl hauptsächlich aus One-Night-Stands, oder etwa nicht?

Umgibt sich der Vereinsamte denn nicht nur mit anderen Singles, um nächtelang über jene verkrüppelten Spießer herzuziehen, die nicht allein durchs Leben gehen können?

So ein Solist verkommt doch wohl in seiner Vereinzelung ohne jegliche Kommunikation, ohne Plausch und Plauderei!

Verlernt er vielleicht gar das Reden?

Verrosten seine Stimmbänder?

Monomenschen sind ganz sicher unfähig zu Freundschaften!

Oder unwillig!

Oder wie oder was?

Lassen Sie's gut sein. Und sich gesagt sein: Einzelgänger sind die geborenen Freunde! Genauer: Sie sind die absoluten Großmeister der Freundschaft.

Sie haben Fähigkeiten entwickelt, die von Gebundenen und Verbundenen oft für überflüssig erachtet werden (können). Singles weben, ohne dass es auffällt, unermüdlich und geschickt an ihrem sozialen Netz. Und da der überzeugte Einzelgänger meistens von Kindesbeinen an ein überzeugter Einzelgänger ist, hat er seine Bemühungen inzwischen durch jahrelange Übung verinnerlichen können. Sie sind ihm in Fleisch und Blut übergegangen. Sie haben sich in sein Gehirn eingraviert.

Er wurde, falls er zum singulären Leben begabt ist, ein kommunikativer, offener, herzlicher Zeitgenosse. Der Hagestolz, die alte Jungfer sind Karikatur.

Unser selbstbewusster Individualist besitzt ein feines Sensorium für seine Umwelt. Er reagiert sensibler auf Zwischentöne und Atmosphären, als es Leute tun, die zu mehreren auftreten. Denn diese sehen sich, wenn auch unbewusst, gezwungen, sowohl aufeinander zu achten als auch sich miteinander zu beschäftigen.

Er aber, der Vereinzelte, kann aufmerksam bleiben und fein austarieren, wie er sich bewegt, was er sagt, an wen er Hoffnungen knüpft, mit wem er sich abgibt. Er balanciert gekonnt zwischen dem Stolz des *Outcast* und der Einsicht in die Notwendigkeit sozialer Kontakte. Sein geübter Gleichgewichtssinn ist ausgeprägt wie sein Takt und seine diplomatische Eleganz.

Der Philosoph Michel de Montaigne sah im Schließen von Freundschaften einen souveränen Akt – im Gegensatz zu den Bindungen, die sich aus Verwandtschaft und Familie sowieso ergeben: »Je mehr uns Gesetz und natürliche Pflicht solche Bindungen auferlegen, desto weniger hat unsere Wahl- und Willensfreiheit Anteil daran. Nichts hingegen ist so voll und ganz das Werk unseres freien Willens wie Zuneigung und Freundschaft«, schrieb er im 16. Jahrhundert.

Der allein durch das Leben Gehende hat also sehr wohl Freunde. Und er ist stolz auf sie. Ein paar schart er auf jeden Fall um sich, wenn er zu den zufriedenen Einzelgängern gehört. Das haben weltweite Untersuchungen ergeben.

Der Psychologe Robin Dunbar von der Universität Liverpool fand heraus: Es sind zwei bis fünf wahre Freunde, die der Mensch im Durchschnitt hat. Auch der Einzelgänger, liebe Skeptiker! Dieses soziale Netzwerk, die so genannte »Unterstützergruppe«, umfasst in allen sozialen Schichten und allen Kulturen fast immer die gleiche Anzahl.

»Das sind die Menschen, die man um Rat fragt in emotional oder finanziell schweren Zeiten«, sagt Dunbar.

Ein erweiterter Kreis von Freunden umfasst etwa zwölf bis zwanzig Personen. Und der Bekanntenkreis: 30 bis 50 Leute. Das sei ein weltweites Muster. Wieso das so ist, können die Wissenschaftler nicht erklären. Aber »da es universell ist, könnte es unsere kognitiven Fähigkeiten widerspiegeln, soziale Beziehungen zu verarbeiten«. Und da so ein knappes halbes Dutzend, mit denen man sich gut versteht, schon genug Zeit und Kraft kostet, ist diese Anzahl offenbar am besten zu bewältigen.

Das wollte ich nicht ungeprüft hinnehmen. Also ging ich sowohl in mich als auch mein Adressenverzeichnis durch.

Tatsächlich. Es gibt einen großen, bunten Bekanntenkreis. Dreißig bis fünfzig? Kann hinkommen. Dann die besagten zwölf bis zwanzig sozusagen erweiterten Freunde? Stimmt auch.

Und es gibt einen kleinen, wertvollen und zum Teil seit Jahrzehnten bestehenden Freundeskreis. Das sind ein paar Leute, die meinem Herzen, meinem Hirn und meiner Seele nahe sind. Es gibt ehemalige Liebhaber darunter, andere wurden in der Kindheit mit mir zusammen eingeschult.

Man hat sich das bisherige Leben lang begleitet. Sie sind verlässlich. Sie sind ehrlich. Unsere gegenseitigen Ratschläge sind niemals allgemeine Belehrungen; dazu kennen wir uns zu gut. Manchmal setzt es verbale Prügel, und sie stutzen mich zurecht – wenn es denn sein muss. So wie sie mich unterstützen – wenn es denn sein muss. Sie waren an meiner Seite in Zeiten des Lachens und in Zeiten des Weinens.

Und sie begleiten immer mal wieder ächzend oder auch amüsiert die eine oder andere Romanze. Denn sie wissen wie ich: Verehrer können kommen und gehen. Freunde bleiben.

Freundschaften gehören zu den stabilsten Beziehungen zwischen Menschen. Tumult und Verwerfungen, die es im Leben von Einzelgängern auch gibt, obwohl sie die Zahl der Turbulenzen niedrig zu halten trachten, federt ein Freundeskreis ab.

Solche Weggefährten ermöglichen dem Einzelgänger darüber hinaus etwas, das ihm die Masse gern abspricht: eine konstruktive Ich-Spiegelung. Kein Kollegenkreis, kein Stammtisch, weder Clique noch Bande spiegeln sein innerstes Wesen wider, das dem Einsamen oft erst in der Abgeschiedenheit bewusst wird.

Unter Freunden werden die Masken abgenommen, die Heuchelei ist beendet. Wahre Freunde sind für Solisten, die dank ihrer Einsamkeit ihren Kern mit seinen Schwächen und Schönheiten gefunden haben, die Bestätigung eines solchen Fundes. Sie sind eine Erweiterung des Selbst und des Wissens um dieses Selbst. Der Einzelgänger erfährt durch die wenigen, ausgesuchten Menschen um ihn herum genug Ausweitung seiner angeblichen Ich-Begrenzung.

Allein Lebende sind dankbare Zeitgenossen. Sie setzen nichts voraus, und nichts ist für sie selbstverständlich; auch wenn ihr Stolz ausgeprägt ist und ihr Anspruch hoch. Durch ihre nicht immer leichte Lebensweise müssen sie sich und ihren Freundeskreis ohne Unterlass organisieren, sie müssen sich anpassen und reagieren. Ihre frei schwebende Aufmerksamkeit, ihre soziale Wachheit dürfen nicht nachlassen. Durch keine Familie oder andere festigende Gruppen abgeschirmt, sind sie tapfere Einzelkämpfer im täglichen Krieg und gewiefte Manager ihres Lebens im ganz normalen Wahnsinn des Alltags.

Demgemäß ist ihre Haltung gegenüber den bewährten Freunden eine recht eigenartige: »Sich miteinander fühlen, als wäre man allein« – das ist der Einsamen größtes Kompliment an ihre Entourage. Für naive Verfechter harmonisierender Dichte klingt das wie eine Unverschämtheit. Für den dankbaren Genießer sowohl seiner Einsamkeit als auch seiner Freunde aber ist es beinahe eine Liebeserklärung.

Dann aber lesen wir wieder Sätze wie:

»Nur im Kontakt mit anderen kann der Mensch reifen.«

»Ohne Auseinandersetzung mit dem Mitmenschen gelingt kein soziales Leben.«

»Gesellschaft bedeutet Geselligkeit.«

»Es ist nicht gut, dass der Mensch allein sei.«

Diese ebenso banalen wie unwiderlegbaren Binsenwahrheiten, die dem Eigenbrötler gern vorgebetet werden, wollen seinen eigenwilligen Lebensentwurf als ein Versagen, als Behinderung, Trotzhaltung oder neurotische Verweigerung anprangern. Am liebsten aber als Frechheit.

Es ist seine vermeintliche Aufmüpfigkeit gegenüber dem biologischen Auftrag, der herkömmlichen Konvention, der Verpflichtung zur üblichen Eingliederung in die Masse, die dieser Masse aufstößt. Eine Dreistigkeit, die sich andere nicht erlauben und auf die sie stattdessen nicht ohne Neid blicken.

Nun ist ein allein lebender Eigensinniger ja nicht gleich ein Paria, der aus der menschlichen Gesellschaft ausgestoßen ist. Und nur selten zieht sich ein Einsamer für den Rest seines Lebens in die Wüste zurück.

Was macht er stattdessen, der fidele Einzelgänger?

Ich zum Beispiel gebe Einladungen. Ich werde eingeladen.

Ich rufe an. Ich werde angerufen.

Ich schreibe Briefe. Ich bekomme Post.

Ich frage. Ich werde gefragt.

Ich pflege Freundschaften. Nicht im Sinn von: Ich pflege Freundschaften zu haben. Sondern im Sinn von: Die Freundschaften, die ich habe, behandle ich pfleglich.

Und was tun Alleinlebende sonst so mit ihren Freunden? Sie belämmern? Ausnützen? Sich als fünftes Rad am Wagen an sie hängen?

Nichts da. Alleinlebende kümmern sich. Auch und besonders gern um ihre Freunde.

Na ja, die haben ja auch Zeit genug! So wird da mancher ein wenig giftig einwenden. Keine Kinderschar fordert sie! Kein Partner beansprucht sie! Sie müssen nicht dreimal täglich das Essen auf den Tisch bringen, sagt die eine. Sie müssen sich nicht für die Brut abrackern, sagt der andere.

Wohl wahr. Aber sollte man deshalb auf ihre Dienste verzichten, die sie erstaunlich häufig anbieten?

Diese Einsiedler, was das Häusliche betrifft, sind keineswegs Einsiedler, was das Mitmenschliche betrifft.

Man findet sie zwar weniger im Getümmel, aber doch öfter als erwartet als Ehrenamtliche an den Krankenbetten alter, vereinsamter Patienten, die von ihren Familien (!) zu selten aufgesucht werden. Sie bevölkern die Informationsabende von Caritativ-Agenturen. Sie üben sich in Wohltätigkeit und Nächstenliebe – obwohl sie das gern abstreiten. Sie sind oft sozial engagiert. Sie kümmern sich. Fünfzig Prozent aller Singles setzen sich in ihrer Freizeit für andere ein, für die Umwelt oder in der Politik.

Erstaunlich ist auch das Engagement sehr junger Menschen, die zwar ihre Rap-Gang oder ihre Rocker-Bande haben, ansonsten aber gnadenlos allein in der Welt stehen und gern asozial genannt werden. Sie entwickeln nicht selten liebevolle Fürsorge für eine kranke Großmutter, einen alten Nachbarn, einen zugekifften Junkie, ein aidskrankes Mädchen, einen Hund in ihrer Obhut oder eine Ratte unter ihrem Pullover.

Der Einsame ist für alle Menschen da. Er fühlt sich von keiner Familienbande absorbiert und kann sich freihalten für den Rest. Er handelt ohne gesellschaftliche Erwartungen: Er hat selbst keine, und keine werden an ihn gestellt. Deshalb ist das Einzelwesen zur Mitmenschlichkeit prädestiniert. Sein Individualismus verabscheut kollektive Pflichtmoral. Auf die Vorgaben von Parteien, Kirchen, Vereinen, Gesellschaft, Nachbarschaft und Familie sowie die barschen Aufforderungen zum »wir« und »man« pfeift er.

Dass Freiwilligkeit Engagement fördert, weiß man spätestens seit Mark Twain, der seinen Tom Sawyer mit einer List zu der freiwilligen Hilfe seiner Kumpels greifen ließ, als es darum ging, einen Zaun zu streichen.

Und die Nicht-Singles, die Doubles, die Gepaarten, die Gemeinschaftsmenschen und Zusammengehörigkeitsgenossen? Mögen sie auch manchmal auf den Einsamen nicht gerade herab-, so doch herüberschauen – sie spüren dennoch seine Fähigkeiten, seine Prinzipien, Stolz, Mut und Kraft.

Wenden sich deshalb so viele an ihre allein lebenden Bekannten und Freunde? Kommen sie darum mit Fragen und Sorgen gern zum Einzelgänger? Die Dreisteren sogar mit Einladungen und Anträgen auf Mitgliedschaften?

Kein Wunder. Der Solitär ist ein guter Menschenbeobachter und -kenner. Er wird nicht abgelenkt von einzelnen Akteuren in seiner Nähe und kann aus der Distanz heraus größere Zusammenhänge überblicken. Von seinem Platz am Rand des Geschehens aus erkennt er bald ziemlich genau, nach welchen Regeln das Gewusel um ihn herum funktioniert. Umso genauer, weil diese Regeln für ihn ja nicht gelten.

Und weil er sich von außen her mehr Fragen stellt als die im Trubel Aufgehenden, ist er an den Antworten näher dran.

Selbstbezogen, wie er natürlich auch ist, filtert er, was er erlebt, bis es ihm und seinen individuellen Ansichten und Ansprüchen passt. Und dennoch lässt er mehr als der in die Gesellschaft und ihre Konventionen Eingebetteten gelten:

»Singles sind Künstler der Toleranz«, behauptet der Soziologe Ulrich Beck, der sich seit Jahren mit dem selbst bestimmten Leben befasst.

Wenn der Einsame über seine Freunde nachdenkt, denkt er sich auch in sie hinein. Da ist dann nur noch wenig an Egozentrik, Egoismus und Solipsismus zu finden. Deshalb sind Alleinlebende gefragte Freunde. Sie können zuhören. Sie stellen Fragen. Und sie sind die, die man tatsächlich nachts um drei mit Sorgen anrufen kann – so abgedroschen dieses Beispiel auch ist.

Der Eigenbrötler, der seine Eigenbrötlerei zum Lebensstil entwickelt hat, teilt sein Brot, sein Apartment und seine Aufmerksamkeit – wenn es Not tut. Er ist eine beliebte und gern weiter gereichte Anlaufadresse. Er ist der Nothelfer *par excellence,* und man kann mit ihm Pferde stehlen.

Aber dann kommt der Zeitpunkt, wo der umhegte Gast beginnt, sich beim oder gar mit dem Einzelgänger wohl zu fühlen: Wo gehst du hin? Ich habe den selben Weg! Lass uns das gemeinsam machen! Könnten wir nicht überhaupt zusammen oder so …?

Da schrillen beim Einsamkeitsfan die Alarmglocken. Und es ist der Zeitpunkt gekommen, wo er nichts auf der Welt mehr sein möchte als: endlich mal wieder allein zu sein.

Macht Einsamkeit
krank oder gesund?

Die Forscher von der Flinders University im australischen Adelaide handelten sich prompt Ärger mit ihrer Verwandtschaft ein, als sie voriges Jahr im *Journal of Epidemiology and Community Health* auf Seite 574 mit den Ergebnissen ihrer zehnjährigen Langzeitstudie herausrückten:

Wer im Alter ein gutes Netzwerk von Freunden hat, so schrieben sie, lebt länger! Gute Kontakte zu den eigenen Kindern oder anderen Verwandten spielen dagegen fast keine Rolle für ein langes Leben! Freunde beeinflussen das Gesundheitsverhalten der alten Menschen wesentlich stärker, als es die Familie kann!

Wir wollen ja nicht rechthaberisch sein, aber es drängt sich doch die Frage auf: Was lernen wir daraus?

Wir lernen daraus, dass wir zwar nicht gleich zu einem tödlichen Rundumschlag unter unseren Angehörigen antreten müssen. Dass wir aber auch nicht verzweifeln sollten, wenn wir im Alter oder auch in jungen Jahren allein durchs Leben gehen. Durch ein Leben, das offenbar gesünder und länger ist.

Auffallend gesund und oft hoch betagt sind auch Leute, die entweder ganz allein oder abgeschieden in der Stille leben: Nonnen, Mönche, Einsiedler, Hirten, Schäfer, Sennerinnen.

Sie sind glücklich. Sie sind zäh. Sie werden uralt.

In einem Interview mit »Psychologie heute« plädiert der Politikwissenschaftler, Autor und Yogalehrer Hans-Peter Hempel, Dozent an der TU Berlin, dafür, durch Allein-Zeit immer wieder zu seinem eigenen Zentrum zurückzufinden: »Viele Menschen vergreisen frühzeitig in ihrer Routine, denn die physischen Anstrengungen eines ständigen Aktivismus sind enorm.«

Wie immer gibt es natürlich auch hier Verfechter gegenteiliger Ansichten. Alleinsein und Einsamkeit seien des Teufels:

Ein harmonisches Familienleben mit geregeltem Alltag, eine gute Ehe jedoch seien der Jungbrunnen schlechthin. Das mag stimmen. Die Frage ist nur: für wen der beteiligten Familienmitglieder? Und schon gerät das Bild der bekömmlichen trauten Eintracht ins Wackeln. Wir werden hellhörig, wenn die ersten Einschränkungen in den klein gedruckten Fußnoten dieser Untersuchungen auftauchen:

Am gesündesten sind demnach allein lebende Frauen – und verheiratete Männer. Eher ungesund: verheiratete Frauen und allein lebende Männer. Die Aussage ist klar. Es profitieren immer die von Frauen Umsorgten: die Ehemänner oder sie selbst.

Bevor jetzt die männlichen Einzelgänger unter den Lesern das Buch beiseite legen und sich zur nächst gelegenen Partneragentur aufmachen, noch ein Hinweis:

Seien Sie nicht entmutigt. Ein anderes wissenschaftliches Experiment wird alle Einsamen wieder aufrichten und sie wohlgemut einem fidelen Greisenalter entgegen sehen lassen.

Hängt nämlich der Haussegen in den erwähnten gesunden Partnerschaften einmal schief, spielt das Immunsystem gleich nachhaltig verrückt.

Forscher der Ohio State University brachten zweiundvierzig Ehepaaren, die sich zu einem lockeren, angeregten und konstruktiven Gespräch einfanden, mit deren Zustimmung kleine Wunden bei. Dann verfolgten die Forscher den Heilungsprozess. Bei einem zweiten Besuch provozierten sie die selben Eheleute zu einem Streit, fügten ihnen die gleichen Verletzungen zu – und die Wunden brauchten ein bis zwei Tage länger, bis sie verheilten.

Streit und Stress, von geübten Einzelgängern meist erfolgreich vermieden, verändern nämlich die Spiegel verschiedener Immunbotenstoffe, die an der Wundheilung und anderen Heilungsprozessen beteiligt sind.

»Man muss bedenken, dass dies nur ein kleiner Ehestreit war, der gerade mal eine halbe Stunde lang dauerte«, betonte eine der beteiligten Wissenschaftlerinnen. »Was kann da eine unglückliche Partnerschaft erst auf Dauer anrichten!«

Immer wieder wurde nachgewiesen, wie gesund Zufriedenheit und Heiterkeit sind. Der direkte Zusammenhang zwischen Immunsystem und Psyche zeigt sich selbst bei nur vorgespielter guter Laune. Psychoimmunologen ließen Schauspieler sowohl fröhliche als auch depressive Stimmungen darstellen und baten sie, sich intensiv in die Rolle hineinzusteigern. Die anschließenden Bluttests zeigten: Nach Darstellung einer gut aufgelegten, freundlichen Person stieg die (gesunde) Teilungsrate von Immunzellen stark an, bei der Verkörperung eines mürrischen Ekels sank sie rapide und gesundheitsgefährdend ab.

Höchste Zeit also, sich mit der Einsamkeit anzufreunden und sie mit seelischer Fitness zu einem Teil der gesunden Lebensführung aufzuwerten.

Intimität, Geborgenheit und Zugehörigkeit sind Grundbedürfnisse des Menschen. Werden sie nicht ausreichend befriedigt, erkrankt der (unglücklich) Vereinsamte an Körper und Seele. Das kann hier nicht oft genug betont werden.

Aber wer allein durchs Leben geht, ist meist weder isoliert noch depriviert. Auch er kann Intimität, Geborgenheit und Zugehörigkeit finden. Bei ein paar Leuten, die ihm nahe sind und um die er sich kümmert. Bei Menschen, die ihm ferner sind, selbst bei Fremden, für die er sorgt. Und nicht zuletzt: bei sich selbst.

Gelingt es dem Einsamen, seine Grenzen noch ein wenig zu erweitern, findet er Geborgenheit und Zugehörigkeit auch auf ganz anderen Ebenen: zum Beispiel in der Einsicht in die Gegebenheiten des Lebens, im Hinnehmen von Schicksalsschlägen und Schicksalssprüngen, im Glauben an etwas, das er Gott nennen mag oder wie auch immer.

Gelassenheit, Einsicht und Zuversicht sind hervorragende Lebenselixiere und Stärkungsmittel. Gegen Ende eines Lebens sind sie sogar eine gute Wegzehrung für die letzte Reise, die man nun mal auf jeden Fall allein antreten wird.

Allein Lebende sind übrigens auch noch aus einem ganz anderen Grund seltener krank: Sie können sich eine genüssliche Bettlägerigkeit einfach nicht leisten.

Denn wer führt dann den Hund hinaus? Wer kauft die Zitronen für die Vitamin-C-Zufuhr? Wer bringt den Müll hinunter? Wer den Wagen zum TÜV? Wen kann man mit Quengeln quälen und mit immer neuen Wünschen nerven? Wer ruft in der Schule an und bestätigt, dass man die Physikarbeit nicht mitschreiben kann? Wer setzt sich ans Bett und liest Märchen vor?

Habe ich da zeitlich etwas durcheinander gebracht?

Macht nichts. Kranke in jedem Alter regredieren gern zu bemitleidenswerten Geschöpfen, vorzugsweise zu solchen im Kindesalter. Ist keine Zielperson für die erwähnten sekundären Krankheitsgewinne mehr da, lohnt sich der ganze Aufwand nicht.

Die wunderbare Freundin, die mit Hühnersuppe kommen will, und der wunderbare Freund, der gern Brustwickel machen würde – man möchte seine Lieben ja auch nicht überstrapazieren.

Seit ich allein lebe, überwinde ich leichtere Krankheiten sehr zügig, indem ich Hund, Müll, TÜV … siehe oben. Tagsüber im Bett liegen Einsame gelegentlich an verregneten Sonntagen. Und wenn dann auch noch niemand zu ihnen sagt: Steh doch endlich auf!, dann ist Bettlägerigkeit doppelt schön.

Vom Glücklichsein

»Er ist sehr glücklich.«
Der junge Stier Ferdinand im gleichnamigen Kinderbuch von Munro Leaf,
als er endlich wieder allein unter seinem Baum sitzen darf.

»Die Qualität des Glücks
ist mit eigenen Anstrengungen verbunden.«
Bernhard Bueb, von 1973 bis 2oo5 Schulleiter des Internats Salem.

Das Glück des einen ist bekanntlich noch lange nicht das Glück
des anderen. Deswegen werde ich auch nicht müde, darauf hin-
zuweisen, dass dieses Buch von *meinem* Gang durchs Leben als
Einzelgängerin und *meinem* Wohlgefühl dabei handelt. Und dass
ich *meine* Daseinsfreude in diesem Lebensentwurf finde.

Wenn jedoch jemand, der an seiner Einsamkeit leidet und an
diesem Leiden hängt, von so anders gearteten Erfahrungen liest,
so kann er diese natürlich jederzeit mit dem ersten Satz dieses
Kapitels abtun. Der Jammer an seinem schweren Geschick ist
eben *sein* Glück.

Wieso sind Austern für die einen ein Leckerbissen, für die
anderen ein rasch wirkendes Brech-Mittel?

Wieso nehmen die einen ihren vierbeinigen Liebling mit den
Schlappohren mit ins Bett, während die anderen in einem Hund
einen von Flöhen besiedelten Zerberus sehen, der gern an Kot
schnuppert?

Wieso gibt es die Geschichte »Von einem, der auszog, das Gru-
seln zu lernen«, während andere sogar im Buchladen einen Bogen um das Stephen-King-Regal machen?

Meeresfrüchte, Hund und Autor sind nach wie vor dieselben.
Die Menschen mitsamt ihren Ekelschranken und Ängsten aber
gehen nun mal unterschiedlich damit um.

Genau so ergeht es der Einsamkeit.

Künstler und Denker benötigen sie. Andere sind ihr verfallen. Wieder andere suchen sie wahlweise als Paradiese, Inseln der Abgeschiedenheit oder Oasen der Stille auf. Der Rest der Menschheit geißelt sie.

Das ist jetzt natürlich sehr vereinfacht dargestellt. Und es geht eigentlich auch um etwas ganz anderes.

Es geht darum, einem Hunde-Phobiker keinen regennassen Bernhardiner unter das Plumeau zu stecken. Oder ein schreckhaftes Sensibelchen mit ins Kino zu schleifen, wenn das neueste Splattermovie gezeigt wird.

Aber wer seinen Ängsten gelassener gegenübersteht, würde vielleicht nicht mehr in den nächsten Hauseingang flüchten müssen, wenn ein Rehpinscher des Weges kommt. Und er würde nicht gleich ohnmächtig, wenn er einen Tropfen Blut sähe, der sich an einem aufgekratzten Mückenstich zeigt.

Vom Ängstlichsein wie vom Glücklichsein gibt es wahrscheinlich so viele Schattierungen wie Menschen auf der Welt. Vom Alleinsein und vom Einsamsein auch.

(Selbst die Wörter, die mit *Allein-* oder *Einzel-* beginnen, erfahren die unterschiedlichsten Konnotationen. So ist die *Einzel*haft nicht angenehm, das *Allein*erbe schon. Die *Allein*erziehenden dürften weniger begeistert von ihrer Rolle sein als der *Allein*herrscher. Vieles ist *einmalig* schön, anderes ist *allein selig machend*. Und natürlich gibt es noch die *einsame* Spitze in all ihrer Vortrefflichkeit.)

Eine relativ feste Größe im Wirrwarr der Begriffe, die sich mit Lebenskunst beschäftigen, ist da die »Zufriedenheit«.

»Glückliche Menschen sind in einem Teilbereich ihres Lebens zufrieden. Zufriedene Menschen hingegen leben in einem stabilen System und wollen ihr Glück weitergeben«, behauptet Professor Nossrat Peseschkian von der Deutschen Gesellschaft für Positive Psychotherapie in Wiesbaden.

Sein Ratschlag für Einsame: »Allein durch das Leben zu gehen ist manchmal recht mühselig. Suchen Sie nach Gleichgesinnten oder Mentoren, mit denen Sie über Ihre persönliche Entwicklung sprechen können.«

Die Gerontopsychologen Christoph Rott und Daniela Jopp vom Deutschen Zentrum für Alternsforschung in Heidelberg fanden in einer Studie über gesunde und fidele 100jährige deren wichtigste Voraussetzungen für ein gutes Leben, also für Lebenszufriedenheit.

Erstens: Die Selbstwirksamkeit, das heißt die Überzeugung, dass man sein Leben selbst gestalten kann und nicht alles vom Schicksal vorbestimmt ist. Und zweitens: Lernen, mit den Widrigkeiten des Lebens umzugehen und sich anzupassen.

Es geht also gar nicht mehr um Einsamkeit oder Nicht-Einsamkeit.

Es geht um unsere Haltung ihr gegenüber. Es geht um die Zufriedenheit in und mit der Einsamkeit.

Fragt uns jemand: »Wie geht's?«, so sollten wir künftig nicht mehr schulterzuckend abwinken und nörgeln: »Na ja. Geht so. Bin zufrieden.« Völlig falsche Wortwahl!

»Ich bin zufrieden«, ist glaubwürdiger, gesünder, anhaltender und vielversprechender als die heraustrompetete Fanfare: »Ich halte es vor Glücklichsein kaum mehr aus!«

Die Zufriedenheit ist wahrscheinlich die unterschätzteste positive Emotion im westlichen Kulturkreis. In fernöstlichen Religionen und Philosophien wird die Zufriedenheit dagegen noch vor dem Glücklichsein als höchstes Gut angesehen.

Wir setzen keck noch eins drauf: Die Kombination aus Einsamkeit und Zufriedenheit ist die optimale für ein gutes Leben!

Beide verstärken sich gegenseitig und begünstigen eine selbstreflektierende Haltung, die aufmerksam macht und offen gegenüber Erfahrungen; die in die Lage versetzt, über sich selbst nachzudenken, sich einzuordnen, die eigene Persönlichkeit zu erkennen und weiterzubilden.

Die Einsamen, der ihr gutes Leben, also das Gute an ihrem Leben, erkannt haben, sind wahre Lebenskünstler.

Und die Schübe von heftigem Glück, in denen die Hormone Betaendorphin, Kathecholamin und Dopamin nur so einschießen in den Körper, dass es eine Freude ist, die können wir uns darüber hinaus dann ja immer noch ab und zu gönnen.

Statt eines Nachworts

Brief an
eine Freundin,
die über Einsamkeit klagt

Liebe Einsame,

in einer mondlosen Novembernacht in New York hatte ich vor Jahren ein Erlebnis, bei dem ich erst Übermut, dann Angst, dann Kaltblütigkeit und dann so viel Freude verspürte, dass ich mir hinterher einen Whiskey an der Hotelbar gönnte.

Weil mich alle Welt davor gewarnt hatte, allein durch den damals noch als gefährlich geltenden Central Park zu gehen, noch dazu im Dunkeln, tat ich es aus Trotz. Prompt tauchte ein stämmiger Mann auf und bat mich mit Nachdruck, wenn auch knappem Wortschatz, um finanzielle Unterstützung: »Rück Knete raus, Mädchen!«

Für Angst blieb wenig Zeit. Sie schwand allerdings auch im selben Maße wie der Körperabstand zwischen uns. Denn ohne lang nachzudenken, hob ich meine Arme – sie befanden sich wohlweislich in abgewetzten Parka-Ärmeln – und umarmte den Verblüfften nicht ohne Herzlichkeit: »Oh Mann, und ich wollte gerade *dich* anhauen!«

Wir trennten uns resigniert lachend und gingen unserer Wege. Ich, wie gesagt, an die Hotelbar.

Was ich damit sagen will?

»Wenn du frei sein willst vom Leiden, musst du es umarmen«, raten die Psychologen.

Liebe Freundin, suche also auf, was Dir Angst macht. Stell Dich dem scheinbar Unerträglichen. Vielleicht kannst Du Dich nach einer solchen Umarmung lachend davon trennen. Falls Du das überhaupt noch möchtest. Denn Du wirst sehen, dass da ein noch unbekannter, ja vorerst noch unvorstellbarer Genuss wartet.

Ich will Dir dabei gern zur Seite stehen. Aber nur für den Anfang. Denn später wirst *Du* es sein, die das Alleinsein meiner Begleitung vorzieht. Dann nämlich, wenn Du die schönen Seiten der Einsamkeit entdeckt hast und Dein Alleinsein auch wirklich ganz allein genießen willst.

Vorerst lass Dir gesagt sein: Du bist nicht allein (mit Deinem Problem).

Beinahe alle Menschen kennen Phasen würgender Einsamkeit. Die »gefühlte Leere« durchdringt kühl die Haut, sie sickert ins Innere des Körpers; kalt breitet sie sich dort aus und macht weder vor Hirn noch Herz Halt. Schließlich nistet sie sich vor allem dort ein, wo die Seele sitzt. Da wird sie erst schwer, dann eisig, dann schmerzhaft.

Schwelende bis ätzende Einsamkeitsgefühle tauchen keineswegs nur auf, wenn niemand da ist. Sie überfallen selbst glücklich Verliebte, Gaudiburschen inmitten von Geselligkeit, Eingebettete in den Trubel ihrer Familien.

Wer solche Zustände nie kennen gelernt hat, ist kein beneidenswerter Zeitgenosse, sondern wahrscheinlich nur ein gewiefter Verdränger, der rund um die Uhr mit *action*, nie ohne Handy und Organizer, überschwemmt von E-Mails und gern zu Hause in Chatrooms ein scheinbares Netz an Kontakten und Beziehungen aufgebaut hat. Und der darüber vor allem die Beziehung zu jemand Wichtigem verloren hat: zu sich selbst.

»Zu sich kommen« bedeutet:

Das Getümmel verlassen.

Alleinzeit ergattern.

Störungen abschmettern.

Auf das horchen, was sich leise nähert.

Abwarten, was anwächst.

Ausmisten.

Dann die Leere neu möblieren.

Und: Ein unerbittlicher Türsteher an der Pforte zur eigenen Seele sein. Abweisen, was von außen kommt; hereinbitten, was sich innen meldet.

Das eigene Innenleben als Startrampe für den Absprung nach draußen zu nutzen, ist aufregend wie ein Bungee-Sprung.

Aus dieser existentiellen Erweiterung heraus, die Dein Selbst da auf überwältigende Weise erfährt, wirst Du Dich locker einlassen können auf die Welt.

Je mehr die Dichte und die Nähe zu den anderen, also etwas, das Du jetzt noch so vermisst, schwinden, desto mehr gewinnt das Selbst an Verdichtung. Bis es jenes Gewicht erhält, das geballte Kraft verleiht. Diese Kraft formt von innen her die eigene Persönlichkeit. Sie fördert Kreativität und Individualität. Sie erweitert Deinen Zugang zur Klarheit des Denkens und zu geistigem Fühlen. Sie schafft eine Menge Glücksempfindungen, weil sie die *unerwünschte* Isolation beendet. Und Deine Urangst vor dem Verlassenwerden schwindet ein für alle Mal. Du brauchst allerdings erst einmal Mut und Stärke. Danach wirst Du beides haben: Mut und Stärke. Wahrscheinlich für immer.

Dies soll, liebe Freundin, kein Plädoyer für rücksichtslose Selbstverwirklichung sein. Und Du sollst auch nicht zu einem dieser autistisch in ihren Wahn versponnenen Eigenbrötler werden, die auch noch stolz auf ihren Egoismus sind. Aber es soll die Ehrenrettung der Einsamkeit als eines bislang allgemein verkannten Teils der Lebenskunst sein.

Der begnadete Einzelgänger ist nämlich nicht nur ein freudiger Solist, sondern auch ein freundlicher. Er hat den Spieß umgedreht; und kippen lassen, weswegen ihn andere bedauern — bis sie ihn eines Tages beneiden. Aus seiner neuen Position heraus kann er sich der Welt heiter und gelassen zuwenden.

Werte wandeln sich bekanntlich wie Moden und Moralbegriffe. So wurden zum Beispiel die »Vaterlandsliebe« und das »Pflichtgefühl« relativiert, das »Selbstbewusstsein« erhielt eine andere Berechtigung, die »Fairness« kam neu hinzu.

Und nun ist es an der Zeit, auch den Wert einer Emotion wie des Sich-einsam-Fühlens zu rehabilitieren.

Einstmals war es zum Beispiel verpönt, ins Wasser zu steigen und dort eventuell auch noch – zu schwimmen! Man ging nicht ins Gebirge, und kein Vernünftiger dachte daran, einen Berg zu erklimmen. Eine Wüste aufzusuchen, bedeutete Verbannung oder blieb religiösen Fanatikern vorbehalten.

Und was ist daraus geworden? Abenteuerurlaub! Strandleben! Massenbewegung! Eine weltweite Freizeitindustrie! Ferienglück! Lebensfreude pur!

Bislang fürchtete man auch die Einsamkeit wie einst die Tiefen des Meeres und die eisigen Höhen der Gipfel. Aber mit ein wenig Kühnheit und Abenteuerlust wird auch sie endlich zum Lustgewinn des Einzelnen beitragen. Es muss ja nicht gleich eine Massenhysterie daraus werden. Denn die hätten wir Feinschmecker des Alleinseins denn doch nicht so gern.

Wer das Alleinsein bewusst plant und sich Inseln der Einsamkeit schafft, beweist damit eine emotionale und intrapersonale Intelligenz weitab vom Egoismus und wird belohnt mit der Ehrendoktorwürde im Fach »Lebensklugheit«. Er spürt, was ihm gut tut. Er gewinnt Seelenfrieden und Selbstbewusstsein, Weite und Freiheit. Die unglaubliche Fülle, die das eigene Innenleben bereithält, darf nicht zugeschüttet werden von außen. Da liegt vielmehr ein Schatz, der gehoben gehört. Er verspricht einen Reichtum, der kaum je versiegen wird.

Also, liebe Freundin, sprich mit Deiner Einsamkeit, hole sie aus ihrer dunklen Ecke, fordere sie zum Zweikampf heraus, der die Form eines sportlichen Wettkampfs haben wird oder eines Schlagabtausches oder eines Dialogs. Dann wird die Einsamkeit zu einer Freundin mit einem interessanten Eigenleben: Sie fordert, verspricht und belohnt, sie reizt und verkleidet sich und überrascht Dich immer wieder.

Ich nehme mir Alleinzeit, so oft ich kann. Ich fühle mich dann wohl und behaglich.

Aber ich muss Dich warnen: Es ist paradox, dass der zufriedene Einzelgänger nämlich umso seltener zu seinem Vergnügen
kommt, je geübter er darin ist, je besser er die Fertigkeit des Alleinseins beherrscht, je größer sein Glücksgefühl dabei ist. Das
ist zwar ärgerlich, aber offenbar unabwendbar. Denn wenn Du
der Mitwelt signalisierst, dass Du gern und gut allein leben kannst,
wirst Du in zunehmendem Maß aufgesucht – um nicht zu sagen: heimgesucht.

Und freiwillig, liebe Freundin, wirst Du Dir künftig einteilen
können, was Du an sozialen Kontakten, an Zuneigung, Freundschaft und Liebe in Dein Leben kommen lässt.

Deine Mariela Sartorius